尼采的井盖

雷戈 著

·郑州·

图书在版编目(CIP)数据

尼采的井盖/雷戈著.—郑州:河南大学出版社,2016.9
ISBN 978-7-5649-2579-6

Ⅰ.①尼… Ⅱ.①雷… Ⅲ.①社会科学－研究 Ⅳ.①C53

中国版本图书馆 CIP 数据核字(2016)第 225581 号

出 版 人	张云鹏
出版统筹	侯若愚
责任编辑	任湘蕊
责任校对	王 帅
封面设计	侯一言
出版发行	河南大学出版社
	地址:郑州市郑东新区商务外环中华大厦 2401 号　邮编:450046
	电话:0371-86059701(营销部)　网址:www.hupress.com
印　刷	河南省瑞光印务股份有限公司
版　次	2016 年 9 月第 1 版　印　次　2016 年 9 月第 1 次印刷
开　本	890mm×1240mm　1/16　印　张　8.25
字　数	230 千字　定　价　28.00 元

版权所有·侵权必究
本书如有印装质量问题,请与河南大学出版社营销部联系调换

目 录

卷一　/1

卷二　/35

卷三　/44

卷四　/70

卷五　/76

卷六　/104

卷七　/117

卷八　/124

卷九　/151

卷十　/158

卷十一　/165

卷十二　/188

卷十三　/203

卷十四　/207

卷十五　/215

卷十六　/227

卷十七　/233

卷十八　/252

后记　/258

卷 一

世界者的诞生意味着,世界有多大以及世界怎么样已根本性地转向世界者本身,即世界者如何作为。

世界者凭借世界活动去把握世界、体验世界。世界者把握世界和领悟世界的境遇是世界域。同时,世界域又由历史和意义构成。所以,世界域又可以叫作历史域和意义域。世界域与世界的不同之处在于,世界域由历史和意义构成,世界则是对历史和意义的显现。同时,世界域与世界定式也有区别。二者虽然都基于世界活动而成为可能,但世界域主要作为世界活动的境遇而显示了世界活动的必然性,世界定式则主要作为世界活动的结果而显现为世界活动的现成性。

世界对人类似乎透明,但同时却与人隔着一层;世界虽有可以直观的表面,但这表面并非某种表象。因为它并无背后之物。

对世界的分析,似乎有可能造成世界消失。世界被区分为世界者和世界物、世界活动和世界定式,还有世界域。于是,在层层分割下,世界本身似乎消失不见了。

世界域的本体论规定是整体性原则,即世界活动是整体的,世界者是整体的,世界域本身是整体的。世界域与世界定式的区别在于,世界域是世界者之世界活动的境域和场所,世界定式则是世界者之世界活动的结果和表现。

不能把世界域理解为世界本身。但是,世界域距离世界本身也并不太远。

我不是把世界看成一个无限伸缩的巨大框架,里面可以被区分成诸如世界活动、世界域、世界定式、世界者、世界物等不同层次、范围、向度等。因为如果将世界活动、世界定式、世界域、世界者、世界物都放入世界本身,本质上还是一种世界之中或世界定式的陈腐眼光。我的目的是彻底改变这种眼光,而使世界(本身)成为世界者世界活动的一种意义性呈现或意向性显现,即,使世界成为直接显现世界者世界活动的一种最为本真的意义体系。这样,世界本身不再成为包含世界活动、世界定式、世界域、世界者、世界物的一种抽象整体或虚假形态,而是成为一个具体的、真实的意义世界。因而,世界活动、世界域、世界定式、世界者、世界物不再是世界本身的一部分。相反,世界本身反倒成为世界者的"一部分"。

世界是世界者世界活动的显现或形式,即世界者的世界活动显现为世界。世界域是世界者世界活动的境遇。它同时也是意义域。世界定式是世界者世界活动的结果和积淀,即世界者的世界活动积淀为世界定式。世界定式由非世界者构成。

世界者的世界活动构成世界。这个世界就是有历史和有意义的世界。有历史和有意义的世界就是世界域。世界域不同于作为"之中"的世界定式。因为世界定式没有历史和意义。不过,日常生活中,世界定式倒常常与世界域合二为一,界限极不明确。世界域就是世界者的领域。同时,世界域也是使世界者之世界活动得以展开的境域。因为,世界者之世界活动正是在世界域中才得以真正展开的。正像世界域是世界者的历史和意义之境域一样,世界定式则是非世界者的时间与存在之境域。当世界者的历史和意义在世界域中得以可能时,非世界者的存在和时间也同样在世界定式中成为可能。

这个房间和隔壁那个房间之间的区别不在于二者在建筑结构上有何不同,也不在于二者在家具摆设上有啥不同,而在于两个房间的居住者不同,即两个房间不是同一个主人。这就是世界定式之间的抽象同一性关系。同理,构成世界定式的非世界者之间的关系也是这样。一辆自行车与另一辆自行车的区别不在于彼此的型号和牌子不同,也不在于各自的颜色和新旧程度不同,而在于二者的主人不同。据此可见,世界定式和非世界者一样,它们本身没有任何内在的本质差别。它们的全部具体规定性统统来源于世界活动和世界者的具体规定性。

"世界"一词含糊不清。它没有区分世界活动与世界定式,也没有区分世界者与非世界者,更没有区分世界域与世界本身。

世界活动乃是世界定式的本质,世界者乃是非世界者的本质,而世界域与世界本身皆为一种"中立性"存在和关系,并无任何本质可言。根据我们的观点去分析传统世界观中的这种"世界本质是什么"的基本句式时,就会发现完全不知道这句话到底想说什么。

"世界"是个大范畴,它包括世界者、世界物、世界活动、世界定式四个概念。其中,核心概念是世界者。世界活动并不存在于世界定式,而是内在于世界者本身。而世界者却是存在于世界定式。就是说,世界活动是以世界者的方式存在于世界定式。世界者是世界活动的人格体现和生命形式。世界活动是世界者的历史本质和意义内涵。世界活动通过(凭借)世界者的存在而得以存在。

世界者进入世界定式时是无意识的,世界者进入世界定式后就有意识了。于是他就要求再走出世界定式。尽管他已经有了意识,并且有意识地走出世界定式,但仍不可能真正走出世界定式。因为世界者已成了世界定式的建筑师和测量员。

世界者同世界之间的内在关系,单凭"人"这个字眼根本无法解释清楚。由于"人"这个概念无法显示出他与世界的内在性和整体性,故而需要引入"世界者"范畴。这样,哲学就被消解了。因为人和世界都不存在了。人成为世界者,世界则成为带引号的。这样,探讨世界者与带引号的世界之关系就不再是任何一种哲学,而是世界学。在世界学的视域中,人和世界都成为无意义的。

世界学证明世界上唯一有意义的是世界者,而不是世界物,甚至也不是世界。所以,只有世界者才能使世界有意义。也只有世界者才会提出"世界有无意义"这样的问题。没有世界者,世界的意义就失去了根据。因为说到底,世界的意义不是世界本身所赋予的,而是世界者所赋予的。由于世界为意义所生成,意义由世界者所赋予,所以,世界的本质只能是世界者。

世界者是人又不是人。世界者不是人之总和,不是世界之总和,而是人和世界之关系的总和。甚至,世界者还要大于人和世界之关系的总和。所以,说出世界者,便意味着触及世界和触动世界。就是说,世界在变。世界不仅因世界者而变、随世界者而变,二者压根是一个过程、一种变化。

就"人"这个概念来说,其与世界没有什么内在关系。"人"无法使人意识到他与世界之间相依为命的情缘。"世界者"却能使人意识到他对世界的责任,他与世界不可分割的联系。

人和世界的关系绝对不同于物和世界的关系。正因如此,人是世界者,而物不是。所谓人是世界者,意味着人与世界之间是一种特殊的关系。但这种特殊关系不等于说人与世界的关系较之物与世界的关系更为"特殊"一些,似乎物与世界的关系是一种更为"普遍"的关系。本质上,人与世界的关系,之所以特殊,就在于它不是人自身的关系,也不是世界内部的关系。说到底,人与世界之关系的特殊就在于人与世界都被内在地统一在"世界者"身上。换言之,"世界者"概念意味着它本身就是人与世界的关系之所在。即,人与世界之关系不是别的,就是世界者。

当人面对世界时,他就成为一个世界者。

真正的世界就是世界者。世界者创造世界就是创造世界者自己。

就世界本身来说,它必须与人联系起来才可以理解。所以,世界必须"有"人。没有人便不成其为世界。这样,人就不再是单纯的人,而成为具有深刻世界性的世界者。

在最为极端(但绝不荒谬)的意义上,我们不妨夸张地设想一下:把世界打碎,然后再在这个完全破碎的世界中放进一个人,或者踩上一个人的脚印、扔下一个人的烟头,再不或者是让一个人对这个成为废墟的世界看上一眼、呼出一口气,这样一来,这个荒无人烟、渺无人迹的沉寂世界又会重新焕发出生机和活力,又会充满着人的气息和声音,又会散发出人的温馨和情爱,又会具有人味和人性,又会具有人的感觉和深度。

什么是人?人是总和。人是世界的总和。故而,人是世界者。世界是什么?世界是世界者的梦。

世界者具有上帝资格,但又不是上帝。不过,可以比喻性地说,世界者是不是上帝的"上帝"。世界者具有上帝的本质但又没有上帝的形式。

人成为世界者的过程就是世界形成的过程。

世界的本质不在(是)世界之中,而在(是)世界活动,即,世界的本质不在世界,而在世界者。

三个基本概念:无谓,掏空,隔阂。

隔阂是世界者之间的状态，掏空是世界者自己的状态，无谓是世界者面对非世界的状态。

世界最易产生艺术，世界活动最易产生哲学，世界定式最易产生科学。

无意义的世界性在于它始终为世界定式所规范。在世界定式中，无意义是一个尽人皆知的普遍事实。世界者的可能性并不因世界定式的现成性而定，相反，世界定式的可能性却因世界者的现实性而定。所以，世界者揭示无意义并不以世界定式为必然根据。尽管世界者揭示无意义必须以世界定式为直接对象。

交往属于世界者的世界活动范畴。这个性质规定了交往只能在世界者之间进行，交往必须以世界者为对象，交往是世界者之间的相互关系，它本质上是世界活动的自身拓展和世界者本身的内在沟通。所以，我们不能将交往视为世界者与非世界者之间的事情和需要，世界者既不能同非世界者进行交往（即以非世界者为交往对象），又不能同世界进行交往（即以世界为交往对象）。世界之所以不能成为世界者的交往对象，是因为世界本身仅仅是一种世界活动的显现；非世界者之所以不能成为世界者的交往对象，则是因为世界者不可能同桌子进行交往，或同书籍进行交往，或同艺术品进行交往。就其本质，非世界者只能成为世界者利用、驾驭、驱使、享受、占有的工具，而绝不可能成为世界者交往、对话、谈心、沟通的对象。

当然，一定意义上，也可以说，世界者可以与艺术交往，可以与思想对话，可以与真理沟通。这诚然不错。问题在于，艺术、思想、真理都不是非世界者，而属于世界活动范畴。需要指出的是，所谓艺术、思想、真理是世界活动范畴，不等于说艺术、思想、真理本身就是世界活动，更不等于说艺术、思想、真理就是世界活动本身。

世界者虽然内含着世界活动，却不是在"心"中包含着的，而是以全身心的形式内含了世界活动。所以,世界活动既不是"心"之官(器官、结构),又不是"心"之性(属性、功能)。

世界者确实包含意义,但既不是以一种"心"的方式包含着,也不是以一种"身"的方式包含着,更不是以一种"身心合一"的方式包含着,而是以一种"本身"的方式包含着意义。所谓"本身"是说,**世界者自身即是意义**。可见,"本身"即"自我"。它表明世界者对待自身包含的意义是全身心地投入。所以,世界者对意义的包含本质上表现为一种纯粹的整体。一方面,意义以整体的方式包含在世界者本身;另一方面,意义凭借世界者对自己的包含而展示为一个整体。

世界者既不在世界之中,又不在世界之外,而是处于一种意义论上的中立地位或中立状态。换言之,世界者从意义论的角度建构了世界,建构了作为意义系统的世界,即,将世界建构成为一个意义系统。但是,建构世界这一意义系统的世界者与作为意义系统的世界之间的关系是,一方面,既不在内,又不在外,而是居中或持中;另一方面,既内在,又外在,亦是居中或持中。就是说,世界者既不在世界之上,又不在世界之下,而是在**世界正中**。**世界者是世界的中立者**。世界者对世界持一种中立的立场和态度。这正是一种意义学的立场和态度。所以,世界者对世界的中立性自有其意义论的根据。世界者对世界的中立性正是世界者对世界的意向性。所谓中立,并非不参与、不介入,而是不干预、不卷入。因为干预是一种违背自然本性的悖谬行为,卷入又是一种身陷其中而不能自拔的困境,而参与则是一种适情合意的自然行为,介入又是一种有限进入而又随时即可抽身超脱的潇洒。同时,中立也不等于对世界不置可否、模棱两可、含糊其词。最后,中立也不是冷眼旁观,不是毫无情感、思想、意愿地对世界和生活不管不问,得过且过,事不关己,高高挂起。

本质上,中立是一种严肃、诚实、客观、深刻的审视、反思、观照、洞察、统摄、把握。换言之,中立是一种全身心的投入。

中立不意味着世界者彻底中断了与世界之间的所有联系。它只是有限、暂时中止了世界者与世界之间的某种关系。中立是世界者基于意义学的规定而对世界采取的一种生存方式。即,中立是世界者的在世方式。其内涵在于,通过中立而揭示出世界的真实意义并使世界这一意义系统在意义本体论的基础上得以确切地显现。

世界者中立于世界。中立是投入而不是陷入。投入是一种积极、主动的自由选择,陷入是一种消极、被动的强制屈从。中立意味着潇洒、超脱、达观、成熟、淡定,是一种真正的形而上的态度。

这种形而上的态度的本质在于,它追求平衡,追求节制。其特征是持中。所谓"中",既不是中心、中央的"中",也不是中间、之中的"中"。**持中的意义论**规定:一方面,世界者并不在世界之中,即便在世界之中,也必定在世界之中的中心;另一方面,世界者也不在世界之外,即便在世界之外,也一定是在世界之外的中心。就是说,世界者对世界的中立性内涵是,世界者要么全然不在世界(既不在世界之中,又不在世界之外),要么必然同时在世界之中的中心和世界之外的中心。换言之,世界者只能是世界的两极,即世界之中的一极和世界之外的一极。

然而,按照意义论的规定,世界的这两极实质上就是一极。这一极不是别的,只能是世界者本身。即,世界者就是世界的极,就是世界之极。

作为世界之极,世界者在世界上只能保持中立。因而,中立绝不是任何一种投机意义上的权宜之计,而是一种深思熟虑的生存样式。世界者的在世性集中体现为世界者的中立性。然而,任何一种在世样式,都必不可免地面临着究竟要出世还是要入世的永恒选择。要么出世,要么入世,唯其如此,方能在世。有出世必然有入世,但不管出世还是入世,都必须在世。**在世是世界者的中立样式**。它要求世界者必须立足在世,而与出世与入世保持相等的距离和均衡的关系。在这个意义论的意义上,世界者在世的中立性就是一种世界者与世界的距离性和均衡性。世界者总避免不了要在出世与入世之间作出非此即彼的二难选择。正因如此,才尤其要求世界者在出世与入世之间认真寻找一个安身立命的平衡点。这个点是一个支点、一个基点。世界者只有凭借此支点,也唯有立足此基点,才可能真正中立于世界,既不对世界置之不理,又不对世界忘乎所以,从而将世界紧紧把握在自己手中,使世界这一意义系统在自己的把握中得以构成、呈现、展开。

中立不是与世无争,而是不与世争。因为中立产生于主见。主见就是主而不偏。它从不偏执一端或趋于极端。故而,中立能够使世界者更真切地体认世界。世界者作为世界之极,非但不喜欢趋向极端,反而习惯于在极端中寻找平衡。

中立的特征是既不拒绝,也不附和。中立是一种充满诗情画意的怀疑与忧虑,是一种具有真知灼见的洞察和判断。它是世界者的理想生存样式。中立经常在有意无意之间左右逢源地游离着。这种游离同时却是游刃有余的表现。它暗示着,世界者虽然希望摆脱有意义与无意义的两面夹击,但总也做不到这点。他习惯以自相矛盾的方式用有意义的眼光去看待无意义,同时又用无意义的眼光去看待有意义。世界者时而用有意义之眼光发现了自身的无意义性,时而又用无意义之眼光发现了自身的有意义性。有意义性与无意义性皆集于世界者一身。他感到困惑,感到尴尬,感到难堪。于是他讨厌自己,压抑自己,贬低自己。总之,世界者总是自己跟自己为难,自己跟自己作对,自己跟自己过不去。世界者把自己当成(自己的)敌人,把自己当成(自己)消灭的对象。世界者的敌人就是世界者自己。在世界者心目中,自己不但是自己假想的敌人,还是自己实际上的敌人。

以自己为敌,这恰恰是意义学刻意寻求的一种世界态。既然世界者始终摆脱不了自己,世界者就只能成为自己,就只能返回到自己,就只能在自己身上打转转、兜圈子、绕弯子、卖关子。世界者的所思所想、所言所说、所作所为,无不是在打自己的主意,无不在自己身上打主意。

这样一来,世界者自觉不自觉地将自己弄得十分晦涩、深奥以及复杂。由于此,世界者常常痛苦莫名地感觉自己是世界上最难以理解的动物。对于自己的这种不可理解性,世界者自嘲般地视之为人的未定性、自由性、选择性、伟大性、独特性、悬念性等等。其实,这一切冠冕堂皇之词均是自欺欺人之谈。世界者心里比谁都清楚这一套故弄玄虚的魔术把戏。尽管世界者深明此道深谙此理,却又乐此不疲,非但不以为憾,反而深为以傲。实际上,人有什么可骄傲的?人不就是人吗?其实,人之伟大既不在于他是人,也不在于他能成为人,而在于他意识到这仅仅是一个目标和理想。迄今为止,尚不能断言,人一定是人,人一定能成为人。况且,也没有可靠的凭据表明:人已经是人。事实上,这只是人的一个打算、一个期待、一个追求。

时间上,世界者既不先于世界,又不后于世界。逻辑上,世界者之于世界既不是纯粹先天,又不是单纯后天。本质上,他是一种彻底的中立。世界者的中立不意味着世界者对世界不具有一种本真的优先性。因为优先性就是主动性。主动性只有在中立条件下才成为可能。

只要世界者在,世界就一定在。即使世界毁灭了,世界者也会把它恢复起来,或者再建立一个新世界。这就是世界者本身包含的世界活动之功能。

世界者的直接对象是内在于自身的世界活动,而不是外在于自身的世界定式。

世界者区别于非世界者的规定之一就是,他具有双重性的世界身份。对世界者来说,这双重的世界身份一是外在于世界者的世界之中或世界定式,从形式上看,它就是与世界者相对立的客观存在的外部世界;二是内在于世界者的世界活动,直观上看,它就是独为世界者所有的理性、思维、意志、情绪、心灵等主观状态构成的内在世界。但事实上并不然。因为世界活动固然是世界者的内在世界,但它绝不因此"内在"而成为某种主观世界,更不因此独为世界者自身所"内在"而减少一丝一毫的客观性。毋宁说,世界活动恰恰因为内在于世界者本身而更具有客观性,恰恰因为是世界者自身的内在世界而较之于世界者的外在世界更为客观。

世界既不是世界者与非世界者的总和,也不是世界活动与世界定式的总和。把世界区分为世界者与非世界者,世界本身好像不存在了似的;把世界划分成世界活动与世界定式,世界本身也好像消失了似的。凡此种种,都是对世界本身的误解和迷失。

世界者的目的不是为了领悟存在的意义,而是为了确定意义的存在。意义的存在只能是世界者本身。因为只有世界者自己有意义。所以,世界者确定意义的存在就是本真确定世界者自己的存在。世界者的存在就是意义的存在、历史的存在、世界的存在。本质上,世界者实乃三位一体的存在,即集历史－意义－世界三者于一身。

用一个比喻来说,世界者凭借材料创造世界如同艺术家凭借素材创造艺术一样。尽管艺术家在创作艺术品时依据某些素材,但素材本身不等于艺术或艺术品。

世界者不但能领悟世界的意义,还首先能使世界本身有意义。

世界活动是个整体,不但对每一个体性的世界者是这样,对于全体的世界者也是如此。这句话的意思是,世界活动作为一个纯粹整体,不但内在包含于每一个体的世界者本身,还超越于所有的世界者之上。

我并没有把世界统一到人身上，而是将世界统一于世界活动。尽管世界活动作为世界的本质包含于世界者本身。

世界者的关键不在于人是否有世界，而在于人是否有历史，故而，有历史乃是人之所以成为世界者的唯一根据。因为历史本身就是世界活动，同时，人作为世界活动的现身者，他本身的世界性较之历史性更容易为人理解和接受。事实上，世界恰是在一定的历史过程中才逐渐形成和产生出来的，人作为世界者也恰好是直接推动世界在历史上逐渐成其为世界的力量。就是说，人本身正是凭借历史而得以推动世界成其为世界的。

世界者生活在世界的逻辑中，世界存在于世界者的语言里。

所谓世界是世界者内在的一部分，是指世界活动是世界者内在的一部分。就是说，世界者内在地统摄世界活动。这正是世界者成其为世界者的根本原因。意思是，世界活动使世界者成其为世界者。世界者对世界的认识，本质上是对内在于自身的世界活动的认识，而不是对外在于自身的世界定式的认识。

世界者的释义性或正义性（定义性）就是世界者阐释意义和规定意义的能力，世界者的含义性就是世界者蕴含意义的能力。显然世界者的含义性决定了世界者的定义性。

世界者本身就包含有世界在内。所以，与其说世界者是世界之中一部分，不如说世界是世界者本身的一部分。正因为世界是世界者本身内在的一部分，故而，世界者对世界的领悟必须通过一种纯粹内在的方式进行，即世界者对世界的认识方式只能是纯粹内在的。

对世界者来说，世界和世界者是一同被认识的。这种认识的同时性或共时性显然不具有时间意义，即不具有任何一种意义上的时间性。世界者既不是先认识了世界之后再回过头来认识自己，也不是把程序颠倒过来先认识世界者自己然后再去认识世界,而是将世界和世界者放在同一个过程中同时性地加以认识的。所以,世界者基于自身对世界的包含和统摄,他对世界的领悟只能是内在的、反思的、直观的。

既然世界包含于世界者内部,世界的本质只能到世界者本身来寻找。世界的起源就是世界者的历史。世界的存在就是世界者的意义。这两句话必须从世界者的立场来理解。从世界者的立场上看,世界上不存在独立于世界者之外的"物自体"。倘若有,也只能是世界者的"人自体"。

世界者是什么,世界就是什么。

世界者并不内在于世界,但世界活动内在于世界者。

世界者是有意义的,但世界者置身于其中的整个客观的生存结构(世界定式、非世界者)却是无意义的。就是说,无意义具有一种客观的生存结构,无意义本身就是一种客观的生存结构。然而,这种无意义的客观结构却具有一种有意义的外在形式。这使得世界者和世界之间的关系变得更为复杂和微妙起来。它要求我们:必须首先将浮在最上面、最外在的这一层有意义的形式完全去掉,才能显露出无意义的真实面目。无意义作为客观的生存结构的深刻性在于,它总是隐藏在有意义的日常形式之下而难以露面。

非世界者不可能有意义,它甚至没有真正的无意义。换言之,非世界者的无意义性不是一种真实的无意义,而是一种虚假的无意义。因为非世界者的无意义性本质源于世界者对它的规定。世界者基于对自己意义性的直接揭示而将非世界者把握为无意义。就是说,非世界者的无意义性派生于世界者的无意义性。世界者的无意义性却是世界者对自身的一种全新认识与深刻规定。正像世界者没有自己独立的意义一样,非世界者也没有自己独立的无意义。

非世界者无论有意义还是无意义，本质上都是虚假的。这种虚假性的本质则使非世界者与意义之间的关系变得极为复杂和模糊起来。非世界者虽然具有虚假的意义，但这种虚假的意义却不是无意义。因为非世界者具有的无意义仍是虚假的。这样，非世界者就具有双重的虚假性，就具有双重虚假的意义论规定性。但这种双重的意义论的虚假性却不能按照数学上的"负负为正"来理解，好像双重的虚假性可以换算成一种单纯的真实性。相反，双重的虚假性只能使问题变得更为复杂，只能使世界者的虚假性本质变得更为彻底。

非世界者在世界上没有固定的位置和方向，非世界者的位置和方向均依世界者在世的位置和方向而定。尽管这里面也包含某些普遍适用的基本原则，但本质上则有赖于世界者对世界的态度和意向。

既然性应该成为世界定式的一个基本特征。所谓既然性，即是既定性、现成性。世界定式就是既然的世界。**既然世界**既不同于必然世界，又不等于偶然世界，更不是或然世界。既然世界仅仅标明一种现成不变的凝固定式。

世界作为一种映象或意象，本质上只有通过一种逐渐淡化的方式才可能将其真实显露出来、展示出来。就是说，世界的澄清与明朗必须在世界者的淡化意境中才可得以实现。世界不是一种实体对象，任何一种非世界者式的强化功能都只能适得其反。

好比要将照片底版上的图像显现出来就必须将底片浸入药水中一样。在这里，水发挥的正是一种十分典型而又形象的淡化作用。先浸入水中，然后再将其晾干或晒干。同样，阳光、空气和水，起到的便是一种淡化功能。如果硬要采用其他什么方法，比如涂涂抹抹、修修补补、粘粘贴贴等类似的强化作用，只会使底片上的图像遭到致命破坏。

世界上不再有世界，而只有"世界"。

这句话里,第一个"世界"是一种语言表述上的习惯和需要,第二个"世界"指的是传统的哲学、世界观和科学以及经验与常识所意谓的世界,第三个"世界"则是一种世界学的世界。世界学的世界就是解构的世界(因为世界学就是对世界的解构)。

未被解构的世界是"前世界",已被解构的世界是"后世界",故而,世界上不再有世界。因为无论"前世界",还是"后世界"都不是世界,所以,世界学就完成了对世界的解构,而使世界成为"世界",即,使世界成为带引号的世界。带引号的世界不仅意味着它是一个有限的世界、破碎的世界、幻灭的世界、分裂的世界,更是一个消失的世界、退隐的世界、隐匿的世界。

简言之,这里有三种不同内涵和意蕴的"世界"。我们必须从每一处"世界"里面仔细辨别它究竟是(属于)哪一种世界。

世界者当然"有"世界,但世界却不先于或早于世界者而"有",也不外于世界者而"有"(仿佛世界者"内于"世界似的)。世界是世界者的展开和展示(就像一幅画的展开一样)。世界之所以"有"就在于它是世界者的展开和展示。所以,世界总是"为"世界者(之展开)而(得以)"有",总是"因"世界者(之展开)而(得以)"有"。这种展开表明世界不是一个物(诸如物体、物件、物质均是物),不是一个对象或客体,不是世界者展开的结果和产物,而是一种过程和关系,是世界者展开的过程,是世界者展开过程所构成的一种关系。所谓世界者展开,当然是把自己本身展开,而不是去展开别的什么东西。这种展开是全方位的,甚至一览无余。因而可以说,世界的一切无不与世界者有关。所谓"有关"不仅仅意味着世界者"有"一个世界,同时更深刻地意味着每一个世界都"有"一个世界者。因为每一个世界都需要"有"一个世界者去照应、去关照、去把持、去守护。世界者对世界的照应、把持、守护当然也可以称作世界者对自身的展开。同时,二者之间又确有区别。但对照应、把持、守护的理解却可以从科学、艺术、日常生活、世界历史、政治行为、国家等方方面面加以进行(因为科学、艺术、日常生活、世界历史、政治、国家均是由世界者对世界的照应、把持、守护构成），而展开则必须按照世界活动和历史的绝对规定来进行把握。世界活动就是展开的总体（即过程总体和关系总和），即历史本身。**所谓历史就是世界者对自身的全面展开。**

对世界者来说，世界始终是一个创造过程，而不是一个被创造的对象。所以，世界并不对世界者施加任何压力或影响。世界只是一个有待开启的东西。世界者的世界活动正是对世界的开启。

世界者创造世界同世界者创造历史是同一种性质的世界活动。

对世界者来说，创造世界不仅意味着创造自己，而且完全取决于创造自己。

创造已经停止，再创造尚未开始。这样，世界就成为一个无主状态。

由于人和世界是两截，故而，创造世界便永远落实不到人身上。世界者去掉了这个毛病，因为世界只是世界者的存在方式。故而，创造世界必须从世界者本身入手才能进行。这就是再创造世界之义。所谓再创造世界不仅是再次创造世界，还是重新创造世界者自己，并且通过重新创造世界者自己而去创造世界。

"创造世界"是在世界学诞生之前，即未把人规定为世界者之前，而由哲学、科学、艺术、经验、日常等诸种方式对世界进行的创造性活动。"再创造世界"则是在世界学诞生之后，即由世界学把人规定为世界者之后，由世界学对世界进行的创造性活动。"再创造世界"显然要克服"创造世界"产生的种种异化情态，诸如世界的碎化、僵化、物化、抽象化、空虚化，总之，无意义化。世界的无意义化无疑是由哲学、科学、日常、艺术等创造出来的，即世界的无意义是哲学、艺术、科学创造世界的结果。世界学则力求通过再创造世界而使世界有意义。为此,世界学把人规定为世界者。因为世界的异化是人创造世界的结果,而消除世界的异化只能由世界者去再创造世界。对人来说,创造世界就是创造世界,它与人无关,故而,导致了把世界创造为一种碎化的、僵化的、物化的、空虚化的、抽象化的存在。对世界者来说,再创造世界就是创造世界者本身。

这样,世界已不再是外在于或独立于或先于人而存在的存在,而是本真地内在于世界者而存在的存在,即世界成为世界者的存在方式和历史境遇。当世界成为世界者的存在方式时,世界者对自身的创造无论如何也不会导致世界的异化。因为世界的异化本质源于人和世界的分离,源于创造世界的过程同世界创造者之间的分离。人创造世界,但人又和自己创造的世界相分离,这必然产生异化。与之不同的是,世界者再创造世界,但这个世界已成为自身的存在方式,故而,世界者对世界的再创造,实际上是对自身的原始性创造、本源性创造,它只能使自身更有意义,而绝不会变得无意义。因为世界者与世界的内在统一,再创造世界的过程同世界者本身的本质统一,已使得世界再无任何异化的必然根据。异化的本质不是哲学意义上的**物化**,而是**意义学意义上的无意义化**,是世界学意义上的世界创造者同创造世界过程的分离化。分离的结果就是世界成为一个绝对无关乎人的物。如何看待这个由人创造出来但又与人无关的物(的世界),成了所有不同的哲学争吵不休的根本原因。不管什么哲学,不管这种哲学如何做作地反常、怪诞、荒谬、特别,它总要面对这个世界。这个世界成为所有哲学的母体和栖居地。但它们永远无法理解这个世界。相对于各种不近情理的怪异哲学,世界倒是最不易理解的。因为世界作为世界创造者和创造世界过程相互分离的产物,从来没有一个真正的内在统一性。既然没有统一性,世界又如何被确定性地把握?除非这种把握毫无意义。要想有意义地把握,必须寻找确定性。要找确定性,必须有统一性。要有统一性,必须使创造世界的过程同世界创造者内在统一起来。而这种统一只有世界学能揭示出来。这种揭示的方式就是把人规定为世界者。世界者和人的根本区别在于,他对待世界的态度不是创造,而是再创造,即人创造世界,世界者再创造世界。世界者再创造世界的本质是把世界视为自己本身的存在方式来予以创造性地把握。

世界者对世界必有所看。盲人并非对世界毫无所见,只是盲人看的方式与常人有所不同而已。盲人固然看不到常人所见的世界,常人也照样看不到盲人所见的世界。所以,在世界上,总存在着两种(或更多的)看世界的方式。换言之,世界者总能同时看到两种(以上)的不同世界。

"自然世界""客观世界"这种说法的含义如果是指存在一种独立于世界者、与世界者根本无关的世界,那它绝不存在。因为任何一种世界,都本真地暗示出它本身早已存在有一个世界者。**如果某种世界是可能的,只能说明世界者早已到位并处于等待状态**。所谓等待状态,是说世界者在等待人们把它指称为一个世界。

所谓世界者创造世界,不外乎是说世界者创造自己和世界者创造自己的存在方式。**世界者怎样存在,世界就是什么样子**。就是说,历史是什么样,世界就是什么样。所谓"世界无意义",只是意味着历史的枯竭、消失、中断、埋没,只是意味着历史与这个世界之间已不再有任何关系。这个世界成为脱离历史的东西。由于历史不再支撑这个世界,世界就塌缩成一个没有生命、创造,即没有意义的黑洞。

世界作为世界者的存在方式,绝不仅仅意味着语言、文化、艺术、宗教、心灵这类东西的存在,当然更不是指地理环境、物质财富这类事物的构成。世界作为世界者的存在方式,本质上只能是一个完整的总体。但这个总体不是覆盖或笼罩(即大于或高于)世界者的超验实体或绝对本体,世界没有这个能力。世界只是世界者的历史性的必然和现实性的可能。而且,这种历史性的必然和现实性的可能都是纯粹的、纯化的、纯度的,即都是极端的和极限的。如果不是极限,历史性与现实性就不会合二为一,必然与可能就不会融为一体,从而营造出一个世界,呈现出一个世界。所以,世界的产生是一个既简单又复杂的过程。如果世界者没有把创造力发挥到顶点,就不可能诞生世界。世界的诞生如同世界者的诞生一样。世界是世界者的复活,是世界者的延续。当世界者需要保存一种东西时,就产生了世界。世界与其说是世界者的仓库或储藏室,不如说是世界者的庙宇或教堂。在这里面,世界者需要放一些东西,也需要做一些事情,还需要想一些问题。所以,世界的功能必须是多项的,而不能是单一的。多种功能的世界才能满足世界者的多种需要。满足世界者多种需要的世界才是有意义的世界。有意义的世界证明世界者的存在方式是有意义的。

只有世界者在使用"世界"这个词,"世界"这个词的含义是由世界者给定的。所以,对"世界"的使用和规定,是世界者的一项基本活动。"世界"是世界者的单词。

世界者并不在乎世界为何"物"。任何时候,只要指称一个"世界"时,必然意味着这个"世界"早已被打上了世界者的烙印。

意义是世界者的世界活动,是世界者的历史境遇。它意味着,世界者的任何一种历史存在和历史形式都是有意义的。

世界者创造世界,并不是要创造出一座喜马拉雅山,或创造出一个月球,哪怕是创造出一块石头、一粒沙子。这些都不可能,但也都不是我说的意思。因为无论喜马拉雅山还是月球,或者是石头和沙子,都只是个别的、有限的世界物,而非整体的、无限的世界本身。世界本身就是世界者。

世界者之为世界者,在于他们凭借自己的本质确立了世界之为世界的根据。因而,世界者与世界的关系显然就有某种非凡的意义。

这种非凡的意义正是世界哲学所要力求把握的东西。

撇开世界者，世界便无从谈起。

唯有世界者首先成其为世界者，世界才可能成其为世界。这个次序不能任意颠倒。尽管它不属于严格的因果性范畴，但世界学的优先性本质却具有更加严格的规定性。

在对话的意义上，世界的一切无不成为可以言说的东西。世界因说而在。但说却直接通达于世界者。这正是世界者与世界之间需要对话的主要目的。世界者从不向世界隐瞒自己。对话作为诚实的标志，往往比任何行动和伪装都更加有效和感人，它奠定了世界者的可接受性。世界者的可接受性不单单意味着世界能否接受世界者这一"外来入侵者"或这一"古老殖民者"，而更主要的在于世界者本身能否承受自己那不断加大的新的压力，能否接受自己那永无止境的冒险的无限追求，能否实现自己那从不满足的饕餮般的贪婪欲望。所以，世界者对自身的承受能力不仅取决于他作为在这个世界上唯一战败者的屈辱身份，更取决于他作为自己在这个世界上独一无二的战胜者的荣耀地位。因为，承受自己的失败，仅仅是一种平常的能力和一般的素质，而承受自己的成功，则需要超人的禀赋和非凡的天才。同时，世界者作为世界上的胜利者，并不意味着他战胜了世界，仅仅意味着世界作为他的对手而变得愿意倾听他的言语，变得有可能与他对话。这便是平等。平等的产生不依赖于权力、财富、物质、天启，而依赖于充满同情与理解的深刻的对话与共鸣。

世界者无不希望自己有所作为。"为"既为世界，也为自己。所以，真正沟通世界与世界者的正是这个"为"。但"为"本身就是世界，而且是更为内在和本源的世界，即元世界。世界者之所以成为世界者，正是基于这个"为"之所为之故。由于元世界之所"为"，世界者才能有所作为，才能与世界有所关联。世界之所以为世界，恰恰是在世界者的所作所"为"中才得以可能。世界的本义就是在世界者"为"自己的"世界"时才得以规定和奠基下来。

所"为"世界与所"在"世界:所"为"世界是世界者的世界,所"在"世界是非世界者的世界。

所"为"世界有两重含义:既"为"世界者,又为世界者所"为"。一方面,所"为"世界显示了世界者的"为所欲为";另一方面,所"为"世界又显示了世界者的"一无所为"。所以,所"为"世界既是无为世界,同时又是无不为的世界。无为而无不为,正是所"为"世界的辩证特性。

相较之下,所"在"世界显得简单多了。要么有为,要么不为。

既然所"为"世界是世界者的世界,那么世界者的所"为"只能是"为"自己。当然,世界者的这种"为"自己丝毫谈不到任何一种意义的自私。因为,**世界者-世界**本身就是自"为"的。即,"为"自己的。自"为"的世界永远是自由的世界。因为只有世界者是自由的,只有世界者能为所欲为于世界。世界者"为"自己也"为"世界,世界者"为"自己就是"为"世界。自"为"就是"为"它。"为"它就是"为"己。"为"的结构永远是一个中心轴。这个"为"之中心轴的辩证性便意味着**元世界**的开放性。

一般世界不完全同于世界定式。在没有世界者的情况下,世界定式仅是一种单纯的"在";在有世界者的情况下,世界定式就成了一种复杂的"为"的结构,即,成了一种世界者所"为"和使世界者有"为"的一般世界。一般世界与世界者的"为"有着非常密切的关系。这种关系的密切程度使我们能从一般世界的每个细微难辨的角落里都可以轻而易举地找到和发现世界者留下的脚印和痕迹。一般世界是世界者所"为"的场所,所以,世界者的元世界便是一般世界的本质。

如果以世界者为轴心划分世界的层次与界限,我们可以划分出三个世界:元世界、一般世界、世界定式。

元世界是世界者。但这不单纯意味着世界者是世界的本源。它还有更深的内涵,即,世界者乃是原生世界。

世界者的"世界"是元世界。一般世界的全部可能性都包含在世界者的"世界",即元世界。所以,元世界本质是一种可能性,一种有关一般世界的全部可能性。在这里,所谓"一般世界"并不与"特殊世界"相对立。因为"一般世界"的"一般"概念不是任何一般意义上的"一般"意义。所谓"一般世界"只是奠基于元世界而得以可能的世界定式。尽管一般世界因元世界得以可能,但一般世界本身却不包含任何真实的有意义的可能性。所以,可能性必须到元世界即世界者的"世界"里面寻找。

世界者的"世界"既不是指世界者生存的那个世界,也不是指世界者拥有的那个世界,更不是指世界者从属的那个世界。当然,它也不是指世界者本身所是的那个世界。世界者的"世界"指的是那个使世界者成为可能,即,使世界者真正成为世界者,使世界者与世界真正联系在一起的世界。故而,世界者的"世界"是内在的(世界)而非外在的(世界)。所谓内在并不是指它是一种"内心世界"或"心灵世界"或"精神世界"等。不妨说,世界者的"世界"之内在性在于,它不是将世界者"包溶"起来的世界,而是被世界者"包含"起来的世界。这样,世界者的"世界"在概念上必须用一种新的句式表述,即,**世界者-世界**。所谓元世界,指的就是世界者-世界。世界者-世界不仅表示世界者的"世界"之独特性、整体性、优先性,还表明了世界者与世界的一体性、本体性、内在性、先天性。但是,这种一体性并不意味着世界者就是世界、世界就是世界者。因此,就世界者与世界双方的关系看,二者固然不是对立的,但也不是"统一的"。因为世界者优先于世界,世界者基于自身的"世界"而使世界得以可能,世界者基于自身的"世界"而使自己成为世界者。所以,在世界者身上存在一种较之世界者本身更为内在和深刻的东西。这种东西就是世界活动。

世界活动就是元世界。然而,尽管元世界比世界者更根本和原始,但世界活动却只能内含于世界者身上。正因为世界者以唯一者的身份包含了世界活动这种元世界,故而,元世界的世界活动就在世界者身上构成了一种纯粹的"世界"。这种"世界"就是世界活动和元世界。它必须"依附在"世界者身上,但它又确实有别于世界者。这样,我们只能较为稳妥地将世界者与这种"世界"之间用一种普遍的符号连接起来,表述为世界者-世界。

不论如何界定,世界者呈现出来的世界也不能被理解为一个"本来的"世界或"原始的"世界,或"世界物的"世界,而必须理解为一个世界者-世界。就是说,世界在被世界者内在呈现出来时,已被完整地世界者化了。**世界的世界者化是世界成之为世界的一个意义性本质**。它意味着,世界的问题只能由世界者提出。这样,就世界而言,世界不再有"本身""自己"这种可能性。即,世界不再是"自己""本身"之类的东西。世界作为世界者最感性、最直接、最具体的一种形式,在世界者逐渐展开并日益扩大的总体性世界活动中,越来越消隐于世界者本身。于是,在世界者的世界活动中,世界者便突破了世界的形式,而凸显出自己。**与世界者的凸显相比,世界便是凹失**。

哪怕只有一个世界者,世界就已不再是(原来的)世界,而成为世界者的世界,即世界者-世界。

世界者-世界的含义是说,世界者在创造世界的过程中,也一同把自己创造出来了。所以,世界者与世界的共时性并不否定世界者之于世界的内在性和本源性。

世界者在世界,不能理解为在世界之中或在世界之内。这个"在"必须理解为"同在"或"共在"。即,世界者和世界同在。但这里的"和"也不意味着世界者和世界是两样东西。正确的表述是,世界者-世界。这个表述的意思是,**世界总是世界者的世界,世界者总在**

世界。同时,这个表述还包含着世界者对世界的优先性。这个优先性是不可置换的。

是世界者－世界,不是世界－世界者。"世界者"是一个完整概念,不能说"世界－者"。因为这一下子把世界者与世界断为两截子。世界者－世界是一体的,但这种一体又首先必须从世界者入手去把握。这表明世界者对世界的优先性。这种优先性是意义论的,也是本体论的。因为意义即本体。同时,这种优先性是意义学的,也是世界学的。因为意义即世界。但这个"世界"却是世界活动而不是世界之中或世界定式,所以,这个(带引号的)"世界"不是那个(不带引号的)世界。

世界者因其"世界"而使自身得以可能世界化,世界者因其"世界"而使世界得以可能具有世界性。

世界是一条路,是通向或连接世界者的"世界"的一条路。或者不如说,世界是从世界者的"世界"里面发源和延伸出来的一条世界之路。正像世上原本没有路,走的人多了就成了路一样,世界上原本没有世界,只是由于有了世界者才有了世界,只是由于有了世界者的"世界"才产生了世界。所以,世界的本义只能首先是世界者的"世界"。

世界者在其"世界""中"使世界上的一切成为可能。世界上的一切东西因此而使自己获得了某种可"直观"的"世界""之中"的特性和"世界性"的规定。

世界上不存在一个与世界者无关的世界。整个世界都是世界者的世界。

一辆停放的汽车是一个非世界者。一旦这辆汽车被发动起来、驾驶行走时,它就不单纯是一个非世界者,而是与世界者之间发生了一种关系。非世界者与世界者之间的这种关系正是一切非世界者的在世方式,同时也是一切世界者的处世方式。

世界以历史的方式存在着。历史即意义,所以,世界又是以意义的方式存在着。是可知,世界不可能无意义。问题是,世界的意义必须由意义学揭示和赋予。缺少这个环节,世界的意义将成为不可知"之物"或莫须有"之物"。因为世界的意义不是本源和自足的,即,世界没有真正属于自己的意义。本质上,**世界之意义无不源于世界者的提供和赋予**。所以,世界之意义实质上是世界者之意义。就是说,尽管世界者以意义的方式存在着,但世界本身却无法将意义直接显现出来,它必须有所凭借。

世界者与世界之间不是一种主客关系,而是一种意义的整体和意义的整合之结构。世界者面对的,是一种意义学的非"有"非"无"之境遇。其境遇仿佛意义之空白和零度。不过,它既非是无意义(意义的"无"),亦非有意义(意义的"有"),而是一种纯净状态和空虚状态。

世界是世界者"有"历史的一种方式,是世界者获取意义的一种方式。

世界者既不存在于世界之中,也不存在于世界之内,而是存在于世界之间。所谓世界之间,是说世界与世界之间,即此一世界与彼一世界之间。之间是一条线,是一种空虚,是一种边缘状态,是一种交际状态。世界者存在于世界之间而与世界打交道。

世界标明了世界者的"客观性"。不是世界者因世界而成为"客观的",而是世界因世界者而成为"客观的"。**不是世界者因存在于世界之中而得以成为世界者,而是世界因存在于世界者"之间"而得以成为世界**。所以,世界可以被看成世界者"之间"的一种关系,一种形式,一种纽带,一种途径,一个可能。这种"之间"是指世界对于世界者的"间接性"。即,世界对世界者来说是间接的而非直接的。因为,世界活动才是直接的。**世界的间接性意味着世界只能存在于世界者"之间"**,它只能在世界者"之间"显现出来。如果没有世界者"之间",世界便非"空"的,而为"无"的。

世界是世界者的陷阱,但这个陷阱却是世界者为自己设置的。这样,坐井观天就成了世界者观察世界的日常方式。坐井观天之于井底之蛙既是一种生存状态,又是一种生存象征。世界之于世界者,既是对象,又是抽象。

世界是世界者的黑洞。这个黑洞却是由**退化的世界者**构筑的。退化的世界者就是非世界者。非世界者则是世界者构造世界的材料。

世界是世界活动的投影,是世界者展示意义的场所,所以,世界就是意义场,就是意义域。

意义的向度只能由世界者指向世界,而不能由世界指向世界者。这并非说,只有世界有意义而世界者无意义,而是说,意义源只能在世界者而不可能在世界。

世界者和世界的内在性,决定了世界上的一切必然与世界者有关。意思是,世界者与世界是一个整体,只有作为整体,二者才有意义。不论世界是否有意义,世界总是"世界者的世界";而且有无意义,也只能相对世界者而言。对世界者来说,世界者的世界不可能没有意义。也正因为世界者的世界有意义,无意义才总是可能的、必然的。

谈论世界而不联系世界者,如同谈论一片树叶而不考虑这棵树。

世界的定义总是世界者下的。这句话是说,世界的定义是由世界者主动作出的一个关于世界存在的有意义的行为。

世界者将意义带入"世界",使得"世界"之意义看起来仿佛是从"世界"之外注入进去的。但"世界"之意义毕竟是在"世界"内部呈现出来的。无论如何,它的确意味着,"世界"自身确实不能解释它呈现的全部意义。一定还有一种比"世界"更为本真和内在的东西。

世界是世界者世界活动呈现出来的一种意义形式,即,是世界者世界活动的一种意义性呈现。所以,世界仅仅与世界者有关,仅仅与意义有关。所谓与意义有关,不单纯意味着世界一定有意义,也意味着世界很可能无意义。所以,与意义有关包含双重性。这种双重性恰是意义的一种内在向度和必然张力。它意味着,意义作为一种世界现象,只能在世界者那里得到证实,也只能由世界者自己加以证实。

世界者是世界的灯塔。世界者照亮世界,也就是呈现世界、生成世界。

从世界万物中剥离出世界者,意味着**世界者乃是生长在世界深处的种子**。它具有世界质地的坚实硬核。但这不等于说,世界者是世界的"原因",世界是世界者的"结果"。尽管世界者这颗种子终究要生根、发芽、开花、结果,尽管世界者这颗种子的确生长出一个世界,但世界毕竟不是世界者这颗种子的最终"结果"。

世界者的优先性不仅表现在他与世界物的关系上,也表现在他与世界的关系上。世界优先于世界物,世界者又优先于世界。这种优先性的内涵是一种意义学的本质规定。但这个规定并不妨碍世界者与世界之间具有的那种整体的不可分割性。

世界者建构世界之前,心里并无一个总体的通盘考虑。世界者并无一个创造世界的全面规划,他只是一步步地这么去做。于是,就有了世界。所以,**世界并不意味着世界者的必然**。

"世界者"概念强调了人与世界之关系的内在性、整体性、相依性,以及人对世界的优先性和包含性。而且,这些诸多性质是一种纯粹意义的规定。

"世界者"意味着"世界"是他的。这个"他",是说在此(他)之前不曾有过这样一个"世界"。诚然,在此之前,天上有风有云,地上有山有水,但那不是"世界"。"世界"之为"世界",须要等到"世界者"的诞生和出世。世界者仿佛是世界的先行。他的到来引发出一个世界。他的足迹便成为世界的界限。

"世界者"概念暗示着世界者与世界的对话性关系。世界者在世少不了要与世界打交道。打交道则离不开对话。其实,对话的分量远不限于此。对话使世界者在与世界打交道时得以可能使双方共同敞开自己,即向对方完全开放自己。奠基于对话的这种开放,使得世界者有可能"进入"世界、拥有世界。世界者对世界的"进入"与拥有,恰恰正是把世界本身"提取"出来、"推举"出来、呈现出来、揭示出来。因而,对话成为世界得以成为世界者之世界的一个前提、基础、根据。在与世界者的对话中,世界并不单纯地成为世界之世界,而是命运般地成为世界者之世界。世界之为世界者之世界,使得世界成其为世界之世界。

就"世界者"概念而言,我们既不能说世界者在世界之中,也不能说世界者在世界之外,甚至也不能说世界者在世界。因为,世界者无法与"在"联系起来,构成一种类似"存在于……场所(或境遇或空间)"之关系,从而具有某种定向性。本质上,世界者不能与"在"挂钩。世界者永远不"在"什么之中。世界者永远不"在"。这种不"在"是绝对性的。它意味着,世界者也不"在"世界者自身。当然,世界者自身必定有所"在"。即,世界者所"在"之处总有迹可寻。但世界者所在之处并不就是世界者之"在"。所以，**世界者不能在世界者自身所"在"之处**。因为，世界者所"在"之处只是一个直观说法，它不能成为世界者必然"在"世界者所"在"之处的一般根据。

"世界者"概念暗示着，世界只能是世界者的"世"和世界者的"界"。

"世界者"概念保证了世界只能是人的世界。按照世界者的理解，世界就是人世和人界。

世界者必须落实在世界上，但这不意味着世界者对世界不具有一种超越性。因为世界者就是造物主。所谓造物主，不是指世界者创造了世界物，而是指世界者创造了"世界"。

世界者的世界总有一种美的可能性。它意味着，对世界者来说，美永远都不是某种"纯粹"客观的东西。之所以如此，乃是因为美从来不以一种孤立的方式单独表现出来，而总是以一种普遍的形式整体呈现出来。所以，美本身总是构成一种普遍的整体。这种普遍的整体就是审美域，它本真地奠基在世界域的基础上并与世界域的结构相同一。本质上，美的可能性就是世界者之世界活动的可能性，审美域就是世界者之世界活动的审美之域。

作为世界域的审美域，它意味着世界者的世界活动正是在审美中得以真正展开和成为可能的。因此，美的可能性意味着世界者自身如何在审美中真实地展示出世界活动的可能性。

审美活动奠基于世界活动而成为可能。世界活动则为历史和意义。所以，审美活动的本质在于凭借历史去揭示意义。因为历史性和意义性乃是一切审美活动之所以可能的本质规定。

世界是世界者创造出来的，而不是自然产生出来的。换言之，世界是由世界者有意识地建构出来的历史体系和意义系统,而不是由世界物无意识地堆积起来的存在物和存在体。

由于人们心理上和视觉上有一种世界优先的效应和规律,尽管世界者的世界是一个历史世界和意义世界,但世界者还是首先注意到世界,而不是首先关注历史和意义。可一旦返回到记忆深处,人们就会觉得历史比世界更有价值。至少历史比世界能给人们带来或留下更多更新更美的记忆。而记忆对世界者来说,则是唯一能给世界者创造无穷意义的途径。这种意义,显然是世界者存在的价值所在。

世界者有一种强迫自己索取意义的本能欲望。其本质在于,不是说要求生活必须有意义(或必须过一种有意义的生活),而是说,没有意义就无法生活下去(或没有意义就没有生活)。所以,生活的意义是说,恰恰是意义使生活变得可能。

我们逐渐进入世界者的意义深处,直接触摸到隐藏在里面的意义核。这个意义核是世界的核心,即世界活动。世界活动构成了支撑整个世界得以运转的基本枢纽。是可知,世界活动就是世界轴,意义本身就是意义核。正是在世界者不断揭示自身内在意义的现实过程中,我们有可能发现一个真正确定的历史基础。这一历史基础具有意义的同构性,从而能为人们重建新世界观提供普遍有效的客观前提。

习惯上,人们认为内在性仅是单向度的,事实上,内在性也有其双向度的规定。世界者与世界的关系即是如此。双方互为内在性。世界者是世界的内在性,同时,世界又是世界者的内在性。

人有世界,物也有世界。一旦将人视为世界者,就只有世界者有世界,世界物则都没有世界了。世界者之所以能有世界,在于世界者本身的"有"。换言之,世界之所以会"有",因为首先"有"世界者。

世界者的"有",世界者对世界的"有",不等同于"有""无"之辨的"有"。本质上,它是一种"有"历史之"有"。所以,它是一种"真有""大有"。正因为此,它不可能从"无"或"虚无"中产生出来。

世界者如果把自身的可说推广于不可说的世界物,势必引起"说"本身的意义性混乱。倘若世界者严格遵守说的界限与规范,仅仅去说本质上可说的自己,仅仅将所说内容还原于自身之本质,那世界者的任何言说均无不可。因为,世界者所说只是在说自己,这使得世界者之言说始终处于自说自话的困境。

对世界者来说,问题不是如何走进世界,而是怎样走出世界。但这不是说,在世界者走进世界之前,已经存在着一个世界。实际上,世界者走进世界的过程就是世界诞生的过程。世界者把世界带到这个世界上,使世界得以世界化。世界者一旦来到世界,他的问题不再是走进而是走出。但要弄明白如何走出,就需首先弄清楚世界者原先是如何走进来的。

在世界者的映照下,非世界者随时随地显现出自身的异质性,即非世界者之于世界者的异化性和对立性。诚然,非世界者之于世界者的异质性之显露首先必须基于世界者的澄清与映照才有可能。是可知,世界者乃世界之光,他只是照亮世界的轮廓,而非改变世界的性质。

相对于内在于自身的世界活动,世界者是外在的,但这并非说世界者是在世界活动之外;同时,相对于外在于自身的世界定式,世界者又是内在的,但这也并非说世界者是在世界定式之中。不仅如此,我们还必须限制这样一种具有很大程度的可能性观点,即认为世界者是介于世界活动与世界定式之间的东西,是一种中介、一种夹层。

必须认为,世界者这种既外在于世界活动又内在于世界定式的状态本质上只能是一种极限状态。因为世界者在一种终极意义上将世界活动和世界定式二者同时统摄起来和肯定下来。诚然,世界者对世界活动和世界定式的统摄丝毫不意味着二者是平等的世界现象。在世界者的眼光中,世界活动始终优先于世界定式。

世界者与世界的关系具有二重性。一方面,世界者与世界活动之间的关系是一种客观的、真实的关系;另一方面,世界者与世界定式之间的关系是一种主观的、虚假的关系。所谓假关系就是指世界者与世界定式的关系。

世界的本质是世界活动,而不是世界者,更不是世界定式和非世界者。在这个意义上,世界与历史完全是一回事。

世界者是世界的创造者,而不是世界的本质。但世界的本质却存在于世界的创造者即世界者自身内部,所以,世界的本质就是世界者的内在性质。就是说,世界者本身内在地包含了世界的本质。之所以说,世界者不是世界的本质,是因为世界者包含了世界本质之故。世界者与世界本质之关系,是包含而不是"是"。正因为世界者包含了世界本质,他才可能创造世界。

世界者给世界找到了一个中心,世界者本身却不是世界的中心。同样,世界者给世界确立了界限,世界者本身却不是世界的界限。就是说,尽管世界者本身既不是世界的中心,也不是世界的界限,但世界的中心和界限皆有赖于世界者的发现和规定。就其本质,世界的中心和界限只是世界者实现自己的一种能力。

人的本质在于人是一个世界者,而不在于他是一个世界。人的本质也不在于他是世界的本质,而在于他本身包含了世界的本质。

世界来源何处?源于世界者;
世界由何构成?由世界活动构成;
世界者来源何处?源于历史。

单纯的非存在者不可能构成世界。世界的可能性不在于非世界者的杂多,而在于世界者的纯一。

世界者不但属于整个世界,还拥有整个世界。非世界者仅仅属于某个世界,而根本不拥有任何世界。

世界活动是世界者安身立命之本,世界是世界者安身立命之处。

世界者的安身立命之处是世界。但世界本身必须首先成为世界者的直观和世界活动的显现。故而,世界者与世界之间谈不上什么"主客"关系。最多意味着一种创造性的"主客"关系。意思是,主体创造客体。至于俗世说的一般性质和日常意义的消极被动的"主客"关系,在世界者的世界活动中根本不存在。

世界是世界者之世界活动的连续不断的显现,是世界者之世界活动的无穷无尽的意象,是世界者之世界活动的永恒常新的拓展。它本质地暗示出世界者之世界活动的真正世界性。

世界虽然在"此",却常常滑向"彼"。故而,由此及彼,再由彼及此,便构成世界者的世界半径和世界轨迹。

世界是放逐世界者的场所。不如说,世界是世界者自我放逐的场所。缘此之故,被放逐于"此"的世界者总想千方百计地逃离世界之中。于是,放逐与逃离成为世界者与世界之间的双重关系、双重本质、双重命运。世界之中的一切均据此展开。不妨说,世界者所作所为所思所想皆是为"此"而做的准备。自我放逐,自我抛弃。所谓逃离就是抛弃自己目前的所在境遇。在此意义上,世界因而获得众多类似的名称和称谓:"牢房""监狱""囚室""地狱""地窖""地下室""洞穴""坟墓"等。

对世界者来说,不存在真正意义上的"自然"。所谓"回到自然"

或"回归自然",无不违反自然,也违背人性。因为,世界者使世界上的一切皆成为"世界"。皆为"世界"的世界不可能有任何一种"自然"的存在。所以,"自然"既不可能是世界"边缘"的一块广袤的"荒地",也不可能是世界之中的一条狭窄的"缝隙"。"自然"从来不是"世界"的一部分。世界上没有"自然",如同世界上没有"世界"一样。

卷　二

　　世界者的相遇仿佛是"世界"的定数,它必须在世界者创世的意义上理解。

　　世界并不是一种"实在"的东西,它只有在接受世界者授予的意义时才能真正在世。同样,世界者也不是一种"实体",他只有在给世界授予意义时才能真正在世。所以,在世本质上是一种意义学的境遇,它总体地关涉到世界者与世界的生存结构。

　　世界者对于自己的"世界"(即带引号的世界)根本不存在入世与出世的问题。因为这个"世界"是世界者的"世界",是"为"世界者和世界者所"为"的世界。它伴随着世界者的入世与出世而入世和出世。另一方面,对不带引号的世界来说,世界者倒具有一种选择入世与出世的必要和可能。

　　世界者的出世只是"出"的一般世界,而不是元世界;同样,世界者的入世也只是"入"的一般世界,而不是元世界。因为元世界既不需要也不可能让世界者出出进进。

　　世界者的本质在于他既能入世又能出世,而不单纯在于能够在世和处世。世界者的处世之道就是与世界保持着不远不近、若即若离的关系。因为世界者在世的目的绝不是希望让世界定式给束缚住。世界定式往往是束缚世界者的在世样式。所以,世界者的处世就是要求世界者与世界定式相处之际力争摆脱它,即力求出世。

世界者的出世是一种"思",世界者的入世是一种"行"。故而,一切宗教、艺术、哲学无不包含一种出世的倾向和欲望。同时,出世又无不通过艺术、宗教、哲学即"思"而表现出来和暗示出来。"思"就是对出世的思索,就是思考出世。出世的精神与可能浓缩为"思"。相对于"思"的神秘与深奥,"行"显得简单多了。正因为简单,"行"才变得近乎不可思议和难以捉摸。入世因此而自然化和绝对化了。

唯其出世才能"思",唯其"思"才能出世。出世是"思"之"行","思"是出世之"行"。

"思"是出世的事,"行"是入世的事。

出世和入世是世界活动的两种基本方式。本质上,出世与入世又是世界的两种基本变形。创世纪就是变形纪。当然,它是世界者对世界的变形。

对世界者来说,在世即创世。世界者的世界史就是创世纪。世界者只有一部世界史,这部世界史就是世界者的创世纪。世界者虽然只有一部世界史,但世界者并不是只能有一个世界。因为世界是世界者的意义生成和意义可能性。

世界是世界者之家,但这个家却是世界者为自己亲手建造出来的。所以,世界的规模大小与结构样式完全因世界者的需要和能力而定。同时,世界者对自己这个家,既可以离家出走("出世"),也可以居家不出("入世")。但无论"出世"还是"入世",世界者都必然在世。世界者的在世不但意味着世界者有一个世界,更意味着世界在世界者,世界存在于世界者。出世和入世不过是世界这个世界者之家的出口和入口。即,出世和入世本质上乃是作为世界者之家的世界本身的门户和道路。**世界者以出世和入世的方式在世和创世**。世界的扩大和深化全在于世界者如何把握出世与入世的张力结构。出世不等于世界者走出世界"之外",入世也不等于世界者走进世界"之中"。因为,就世界者的世界而言,它本无什么"世外"与"世内"之别。世内即世外,世外即世内。世界的"内"与"外"主要是一种世界者在世的可能性。世界者可能出世,也可能入世,但不管出世还是入世,它本身总是世界者对世界的一种把握方式。世界者的出世正是对世界"之内"的扩大,同时,世界者的入世也正是对世界"之外"的深化。世界者的出世就是把世界"之内"推向世界"之外",就是把世界推出去,就是把世界推向世界本身,就是把世界转化为一种有别于原来世界和现成世界的新世界;同样,世界者的入世就是把世界"之外"拉向世界"之内",就是把世界拉回来,就是把世界拉回世界本身,就是把世界恢复成一种不同于流行世界和既定世界的元世界(自世界)。元世界是本然世界,是自由世界,是本命世界。如同人有属于自己的本命年一样,世界者也有属于自己的**本命世界**。本命世界就是本命界。如同人与其本命年存在一种浑然天成的对应关系一样,世界者与其本命界之间也存在一种无法变更的对应结构。

世界者的在世主要是使世界在,使世界得以在,使世界得以可能在。

非世界者仅仅在世,而不能创世和历世,更不能出世与入世。

所谓"出世""入世"并不是出入"世俗",而是出入"世界"。所谓"出世"就是"出于"世界之中,即对世界活动的寻求,因为世界之中没有世界活动,只有出世才能获得世界活动。所谓"入世"就是"入于"世界之中。这样,出世与入世就成为世界者在世与历世的两种基本样式。

世界者仿佛世界的局外人。它意味着,世界者的入世必然是与占居世界中心的非世界者打交道,世界者的出世则必然是与居于世界边缘的世界者自己打交道。所以,世界者的出世就是走向自己本身,世界者的入世则是走向非世界者。

从日常角度看,居于世界中心的恰是非世界者,世界者却往往处于世界边缘。所以,世界者也可以理解为世界的边缘者。世界者就是边际者。正因如此,世界者才可能有所选择,有所思索,有所怀疑。世界边上的世界者,对世界的态度一般都是两可。他想出世又想入世,他徘徊于出世与入世之间。世界者像一根绳子,两头系连着出世与入世的生命可能性。世界本身就被世界者这根绳子所系。世界的边际身份或边缘角色使得世界者终生终世都疲于奔命地周旋、彷徨于出世入世之间而难以平静和安宁。疲惫、劳累常常伴随着世界者,使他真切感到世界竟然是一个强迫、要求人们必须为它付出全部生命代价的无底洞。世界者对世界的怀疑、思索、选择的全部可能性就现实地建立在他本身具有的边际身份和边缘角色这一前提上。边际身份是世界者的法定身份,边缘角色是世界者的日常角色。它本真地暗示出世界者的世界境遇,即,世界者如何被非世界者逐渐挤压和逼迫到世界的边界上。

尽管边际性使世界者有疑有思,但这种所疑所思终究不过是对出世入世的疑与思。虽然在疑与思中,"世"的意义有所显露和展示,但这种意义的"世"本身却未能自然而然地显现出一条有意义与无意义的界线。

我们既不能说出世有意义、入世无意义,也不能说出世无意义、入世有意义。因为尽管出世入世涉及"世"的意义,但我们还必须从世界学的角度给"世"的全部意义画出一条有意义与无意义的界线。

非世界者将世界者排挤到世界的边缘,使世界者成为世界的边缘者。然而,边缘的另外一层内涵则是,世界者作为世界的边缘者同时也是世界之界限的划分者。所谓划分者,意思是,不论世界者究竟出世还是入世,他都在本真地确定着世界的界限。同时,世界的界限恰恰就在世界者介于出世入世之间的中立状态中才得以真正确定下来。

卷　二

不管入世太深还是出世太远，都是对世界者中立状态的偏离。世界者必须保持在世界的中立性。中立性不等于中心性。世界者中立于世界，却并不希望占居世界中心。因为这种中立，恰恰使得世界者得以旁观世界。

不论出世还是入世，本质上都是为了给予世界一种意义。世界的意义正是在世界者这种出世入世的两难或两可中才得以显现出来。

出世与入世是一种张力结构，它构成了世界者的在世性与历时性以及创世性。在出世与入世的张力结构中，在世是世界者的存在状态，历世是世界者的演化过程，创世是世界者的生成活动。

世界者对待世界的态度一般还包含着这样几种可能：喻世、醒世、警世。其意思是，世界者对世界之本质的隐喻、醒觉与警示。从其展开的诸环节看，隐喻、醒觉与警示实质上构成了世界者创世的整个过程。

世界本身意味着世界者的在世，世界者的在世则意味着世界者在世界。所谓世界者在世界是说世界者在作为世界活动的场所和境域的世界域，而不是在作为世界活动的产物和结果的世界定式。

"世人"指在世的人、现世的人，即"活在世上的人"，简称"活人"或"生人"。去世的人、来世的人都指不在世的人，即"现在没有活在世上的人"，简称"死人"或"亡人"。在这里，与"世"联系在一起时，"去"与"来"具有了几乎完全相同的意义，即共同的死亡性和死亡化特征。

这是否暗示着，在生命的最深层意义上，世界者对世界本无任何"来""去"之别？所谓世界者无"来""去"之别，实质上就是世界者之于世界具有"来""去"之自由。在这里，自由的意思是指，世界者在世

39

界上有"来""去"自由。因而,自由不仅仅为世界者独有,而且它由世界者指向世界,即,自由本质上是世界者与世界之间的一种意义性关系。

世界活动使世界者产生出来,于是,产生出来的世界者就使环境变成了世界。就是说,在世界者产生之前,不存在世界。因为环境不是世界。世界只能是世界者的住所。世界者带来了世界。所谓世界者来到世上,本意是指世界者使世上来到。这个世上或世界就是世界定式。所以,世界定式与环境之间有着直接关系。这种直接关系意味着对世界者来说世界定式比环境更直接、更有关系。不过,某种意义上,也可以说,环境是间接的世界定式,世界定式是直接的环境。

问题是,世界者何以可能入世?世界者的入世不意味着世界的先在,即先于世界者而在,而恰恰暗示出世界正是因世界者的"入"而得以成为"世"。同时,世界者的出世也不等于说世界者必须顺着自己入世的原路退出或走出世界。因为,绝大多数情况下,世界者都是在自己不知道如何入世的情况下而懵懵懂懂地在世了。所以,世界者的出世绝不可能再顺着自己入世的原路,而必须另辟蹊径,走出一条离开世界的新路。所以,对世界者的出世来说,究竟如何入世就不显得多么重要了。因为出世根本不必和入世的路径重合,根本不必走入世的原路,根本不必走一条和入世道路相同的路线。出世不必重复入世,也不可能重复入世。出世不是对入世的复归和返回,不是对入世的倒退和寻觅,而是彻底走出一条新路。出世是在世界上走出一条新路。出世是走出自己的路。

所以,世界者怎样入世并不直接等于世界者如何出世。对历世的世界者来说,出世的方式永远不可能相同于入世的方式。就一般情况而言,在世界者的历世中,出世方式往往与入世方式截然不同,出世与入世在历世的方向上完全相反。

就"世界者在世"这句话分析,显然它不符合世界活动对世界者的历史性规定。因为世界者并不在世。这是因为世界者所在之世乃是一种世界之中或世界定式的世,而不是一种世界活动的世。就其本质而言,所谓在世只能是在世界之中,而不可能在世界活动。所以,世界者绝不可能在世,他只能被"在"。所谓被"在"是说世界者被世界所"在"。而被世界所"在",这个世界只能是世界活动,而不可能是世界之中。就是说,世界者既不在世界活动,也不在世界之中,可世界活动却反而要在世界者。既然世界活动在世界者,世界者就不是在世,而是去世。唯有去世,我们才能感觉到世界者的存在和世界本身的存在。去世使世界者得以可能获得世界活动的一般历史性规定。去世是世界活动的原始显现,是世界者的本真现身,是历史的意义生成。去世使世界者直接意识到自己内在的世界活动,去世使世界者对自己的历史命运有了一种刻骨铭心的体验和领悟。即,世界者的命运和世界者的命运感均在去世这一世界活动中必然性地确定下来。

世界者的世界活动:创世,入世,在世,出世,去世。

创世是世界者带来一个世界,去世是带走世界者自己的世界。这样,世界者之间不可避免地有新旧世界之争。新旧世界之间的关系就是世界活动的直接形式。

既然世界是世界者世界活动的显现,我们可以根据世界者世界活动的状态来把世界划分成几种不同样式,即创世、在世、出世、去世(或过世)。显然,世界作为世界者世界活动的显现,本质上是世界者的创世、在世、出世、去世诸种连续状态之总和,由此构成一种总过程。同时,显现为一种总过程的意象和映象。它有两层意思,其一,世界者的世界活动本身是一种总过程;其二,世界对世界者的世界活动的显现是一种总过程,即,世界将世界者的世界活动显现为一种总过程。因而,世界之为世界者世界活动的映象是连续的、总体的。因为,就世界者世界活动的本质而言,它直接显现出来的(由其显现构成的)世界本身根本不可能是断裂的、局部的。世界之为映象呈连续状态,是因为世界活动是一总过程。

"出世"有两个意思:一是说"出生",即"来到这个世界上";一是说"弃生",即"离开这个世界"。从意义论看,"出世"说法蕴含着极大的象征意味。它的两重性正暗示出生死之间的无间性、无碍性和不可分割性。"出世"就是"入世","入世"即是"出世"。辩证相连,彼此往复,透露出生命的真谛。

这真谛唯独寄寓于世界者身上,唯独属于世界者的生命所有,并唯独能为世界者领悟。

世界者的"出世"本身包含有"入世"的可能,本身指向着"入世"的境遇,本身意味着"入世"的选择。所以,世界者的"出世"必然呈现为世界意象的一个具体景观,即一个常新如初的世界景观。

世界者的"在世"或"入世"常常是被不证自明地肯定下来的事实,世界者的"去世"或"出世"却又往往为人遗忘和忽视。就其本质而言,世界者的"去世"或"出世"倒可能更为本质和真实。因为,"去世"或"出世"往往要将一种内在的本真性意义带出。其实,这就是世界者本身之意义。因为世界者之所以能"去世"或"出世",在于里面蕴含一种本体论的意义。世界者无论"在世"还是"去世",既不是为了给非世界者附加或增添某种外在的主观性意义,也不是从非世界者那里索取或拿出某种客观性意义,而是为了使自身具有意义,为了使自己成为意义。只有有了意义,世界者才成其为世界者。世界者是有意义的世界,非世界者是无意义的世界。世界上,唯一有意义的只是世界者本身。世界者之所以有意义,并非由于世界"主宰"之"特选",亦非由于非世界者之"馈赠",而是本真源于自己内在的世界活动。世界者使自己有意义,世界者赋予自己以意义。世界者的意义既不是世界定式的规定,也不是非世界者的构成。世界上只存在一种意义,就是世界者本身的意义;世界者本身的意义仅仅来源于一个地方,即世界者自己的揭示。故而,对世界者来说,非世界者本身既没有任何意义,世界者自己又不打算赋予非世界者以某种意义。因为,意义只能是一种由内及外"长出来"的东西,而不可能是一种由外及内"塞进去"的东西。所以,世界上的一切意义均由本身拥有历史性意义的世界者所提供。世界者也仅仅为自己提供意义,而从不为世界提供意义。

"出世"本质在于,世界者试图通过"脱离""了断"与现有的世界定式之关系、纠葛,即"割断""撇开"世界定式对自身的束缚、羁绊而去另行寻找一个新天地,另去开辟一个新世界。它对出世的世界者来说,乃是一种更真实、更本源的世界。它与原有的世界定式根本不同。它与世界者之间毫无间隔。出世者即世界者的出入行动揭示了一个可能,即世界者通过出世就能充分有效地"中止"或"脱离"与现有的世界定式之间的非世界性关系,而自由建立起一个真正本源性的世界景观。

所谓本源性的世界景观就是有意义的世界观。尽管无意义是更为深刻的意义性规定,但世界观仍有其意义。可这并不否定世界观仍可能包含并呈现出某种真实的无意义性。就是说,世界观虽有意义,但它仍不可能完全避免无意义性的侵蚀和渗透。

卷　　三

　　一个人在 A 单位工作,但他又有一个 B 单位的证件。这个证件上有关他的一切(诸如年龄、籍贯、性别等)都是真的,甚至就连证件的钢印和日期也是真的。这样,证件与这个人之间就构成一种地道的假关系。就是说,证件是真的,人是真的,但证件与人之间的关系是假的。这样,证件无法说明人,人也并非证件所说。推而广之,我们可以判断,世界者与世界物虽然各自都是真的,二者构成的关系却是假的。因此,世界者与此物之间必定构成一种假关系。

　　此物即此在之物,彼物即彼在之物。此物与彼物不是世界物的两种类型,而是世界物的两种状态、两种层次。对此物与彼物的分析,就是对世界物的层次性分析。

　　彼在的世界物是彼物的世界,此在的世界物是此物的世界。世界物有两个层次,从而构成世界的二重性。世界的二重性不是世界活动的本质,而是世界定式的特征。

　　世界者越来越倾向于(或者说越来越需要)把彼在的世界物变成此在的世界物。这样,彼物日益变得空虚,与此同时,此物却变得异常拥挤。

　　对世界物的彼此性分析可以使人明了:彼物与此物是相对的,双方不是非彼即此或非此即彼的二元对立关系,而是亦彼亦此或即彼即此的契合关系。比如,对一个作家来说,作品是此物,金钱是彼物;对一个骗子来说,谎言是此物,诚实是彼物;对一个官员来说,顶头上司是此物,国家元首是彼物;对最高权力者来说,虚伪、残暴、恐惧是此物,人性、幸福、爱是彼物。是可知,在任何一个人身上,总存在此物与彼物的深刻区别。

尽管此物与彼物都是世界物,但二者与世界者的亲近程度不同,故而,此物便被赋予一种特殊的世界者意义。比如,自己的房子和别人的房子虽都是房子,但由于它是自己居住的场所,于是被视为"家";自己生活过的地方和别人生活过的地方虽是大同小异的某种地域环境,但由于它和自己的某段生活联系在一起,于是被看作"故乡""家乡""老家""故土",甚至对某些发迹的大人物来说,他曾经生活过的那个地方更是具有不同凡响的意义,它们被称为"圣地""龙脉""风水宝地"等等;同一块地方,仅仅由于出生过某个大人物而被视为"故居",仅仅由于发生过某个重大事件而被叫作"遗址";同样都是国家,仅仅因为是自己的国家,便视为"祖国";同样都是钱,别人的钱仅仅是钱,自己的钱则被看作"财产""财富";更有甚者,自己的经历被说成"资本""资历""经验""阅历",自己的工作被说成"政绩",自己写的书被说成"作品"。诸如此类,不一而足,均因此物与世界者亲近之故使然。由于此物与世界者过于亲近,不可避免地被打上世界者的烙印,故而常被视为世界者不可分割的一部分。这种现象很容易使人误解,以为世界者的此物果真是世界者的一部分,甚至以为是世界者身上最重要、最本质、最具决定性的一部分,以为此物乃是使世界者得以成为世界者的那种东西。在这种误解的引导下,世界者之此物不仅堂而皇之地成为世界者的一部分,而且冠冕堂皇地成为世界者本身,最后荒谬绝伦地成为彻底排斥世界者、否定世界者、凌驾于世界者之上而根本无视世界者之本质存在的绝对物质。显然,到这一步,此物已昭然若揭地成为反世界者的"唯物"。反世界者之"唯物"的神秘性质和复杂本质在于,它在哲学上不仅表现为常见的

"唯物主义"，有时也表现为正常的"唯心主义"。这样，要想彻底摒弃和杜绝反世界者之"唯物"，必须否定全部哲学史。迄今为止，哲学史上的任何一种哲学尚未能明确划分出世界者与世界物之间的真正界限，至于世界者与此物之间的本质区别更是整个哲学史的黑洞。

对一个骑车赶路的人来说，他的车子诚然是此物，但他脚下正在行走的路同样是此物。那么，彼物何在？他的彼物究竟在何处？就世界者的日常世界而言，这似乎是一个颇为棘手的问题。因为日常世界完全是一个此物的世界。日常世界的基本特点在于它内在地缺乏一种**彼物性**。因而，日常世界又是一种世俗世界。在此意义上，超验世界倒是一种彼物世界。超验世界与日常世界二者共同构成一个完整的**世界物世界**。世界物世界是世界定式。它是死的。世界定式中除了物没有任何别的东西。世界定式中没有世界者的立足之地。世界定式是世界者的天然禁区。但这不是说，世界定式是独立于世界"之外"的某一块"世外桃源"。事实上，尽管世界定式中没有丝毫世界者的足迹，但它仍然存在于世界上，它仍属于世界本身的一部分。世界本身不是二元的，世界本身并没有平列地包含世界活动与世界定式两种基本元素。就世界本身而言，世界活动与世界定式既不能等量，又不能齐观。也正是这种本质的区别，才真正构成了世界本身。

筷子、钢笔虽然是人手的延伸，但仍属于世界物范畴；自行车、汽车虽然是人脚的延伸，也不属于世界者范畴。显然，二者之间有其明确界限。世界学的任务是划清世界者与世界物之间的界限以及世界活动与世界定式之间的界限。这种界限既是世界的界限，又不是世界的界限。因为，如果世界有界限，世界者与世界物（世界活动与世界定式）之间的界限就是世界的界限；如果我们看不到世界的界限，世界就不可能有什么界限。因为，世界的界限总是在世界者的视界之外。

世界诚然是有界限的,但这界限却不在"天边",而在"眼前"。所谓"眼前"不是指此物与彼物的界限,而是指世界者与世界物的界限。

世界是世界者的世界,而不是世界物的世界。唯其世界者成之为世界者,世界才得以成其为世界。对世界物的世界学分析,不能脱离世界者的一般眼界。因为,正是在世界者的世界性眼光中,世界物才得以成之为世界物。所以,世界物的物质内涵仍有赖于世界者的意义性揭示与历史性赋予。

世界者的在世不是依赖于世界物,而是依赖于世界者自己。

世界物的"均质化"是世界者面临的世界课题。

问世界是什么,就是思考世界究竟是由世界者建成的,还是由世界物构成的。

就司机而言,他驾驶的汽车固然是他的此物,但其彼物并非别人驾驶着的从他身边飞驰而过的汽车,而是距离他尚有一段或长或短的路程的目的地。因而,在他通达目的地的整个过程中,显现出来的不是任何一种世界物,而是世界活动。世界物不意味着世界是"物",也不意味着世界物是世界活动的物质基础。

就世界者来说,世界物往往是多余之物,至少将成为多余之物。因为,世界毕竟不是物的空间,而是由世界者营造的天地。不论远离世界者的彼物,还是靠近世界者的此物,其本质都是与世界者迥然有别的身外之物。世界物作为世界者的身外之物,永远不可能是世界者本身。因而,唯有从世界者的意义上观照,世界物才可能获得某种可理解的意义。不论我们多么强调物的重要性,但世界物作为物并不在于它的某种世界性,而在于它是一种世界者之世界的物。因而,世界物作为一种世界性的物不具有任何特殊的优先性。某种意义上,它只是暂时寄存在世界者之房间的一件随时有待取走的物品。

世界物虽然在世,但也仅仅是在世。世界者固然在世,却不仅仅是在世。就是说,世界者的在世之可能恰恰在于他本身有一种超越在世的意向。这种意向不仅是世界者在世之本质,也是世界物在世之本质,甚至还是世界之本质。作为普遍有效的本质,对在世的超越只有凭借世界者得以理解与把握。因为,世界者是世界上唯一可能超越在世者。

世界者与世界的关系是内在的。所谓内在是一种双关语,即,不仅世界对世界者是内在的,世界者对世界也是内在的。世界物与世界的关系是外在的。所谓外在同样也是一种双关语,即,不仅世界对世界物是外在的,世界物对世界也是外在的。如果说没有世界者,就不会有世界的话,那么没有世界物,仍然会有世界。

彼物是彼在的世界物,此物是此在的世界物。对世界者来说,他首先需要克服的只能是此物而不是彼物。这是由此物具有的此在性决定的。当然,世界者对此物的克服最后肯定要通达于对彼此的扬弃,但此物的此在性对世界者的世界活动来说,乃是更为紧迫和直接的因素。其首要性在于,此物的此在性一般构成并规定着世界者与彼在的世界物之间的世界性往来之程序。

彼在的世界物和此在的世界物是世界物的彼在性和此在性。彼在性和此在性是世界物的二重性。世界者却不具有这种二重性。世界者既不是彼在的,也不是此在的。因为,彼在性与此在性均属于空间范畴和时间范畴。就空间性来讲,彼在诚然是远的(即那边的),此在诚然是近的(即这边的);就时间性来讲,彼在就是早的(即以前的),此在就是晚的(即后来的)。显然,这些范畴对世界者均无所把握。

对世界物的彼在性必须作辩证理解。宇宙、银河、星辰诚然是远的,但人的身体、血液、皮肤对人的本质和精神而言同样也是远的,甚至更远。

此在的世界物可以有形,也可以无形。此在的世界物意味着此物与世界者之世界活动的密切性和介入性。此物不是中立的(相较而言,彼物倒是中立的),但此物的这种密切性与介入性不等于对世界者的决定性。理解世界者仍必须从世界者本身入手。密切性与介入性仅仅表明此物与世界者的相关程度。比如,国家、政体、法律、军队、监狱等,便明白不过地显示了此物与世界者之间的这种难解难分的深刻相关性。

彼物对世界者的召唤往往受到此物的阻隔。久而久之,彼物便音信全无,世界者对彼物的信息也充耳不闻。这里涉及此物扮演的角色问题。一般而言,此物的角色均是物化的,其目的是力图把整个大千世界变成一个牢牢受制于物质基础的永恒模式。

此物并非仅在此岸,彼物也并非仅在彼岸。此物在此岸,也在彼岸;彼物在彼岸,也在此岸。此岸有此物,也有彼物;彼岸有彼物,也有此物。

对世界者来说,吃饭用的餐具诚然是此物,不仅如此,就连食物也是此物;更有甚者,包括世界者嘴里正在咀嚼的以及已经咽到肚子里的那些食物也都是此物。这是因为,我们必须将世界者从万事万物中完整地剥离出来,从而恢复世界者的纯粹性。这样做,势必要将世界者处理为一种"不食人间烟火"的"超人"。按照世界学眼光,世界者的确"不食人间烟火"。因为世界者所食之物均为世界物。为了彻底排除世界物对世界者的干扰,我们必须根除世界者可能具有的一切物欲,从而恢复世界者的原始本性。

艺术品是世界物。当然,艺术品这种世界物较之一般世界物比较特殊。其特殊之处在于,艺术品作为世界物本质上仅仅是从世界者直接分裂出去、异化出去的某种特殊世界物。这样,这种世界物就与作为其本源的世界者保持着难以割舍的密切联系。由于其联系的深刻性,以至于人们常常习惯性地将艺术品这种世界物合理视为世界者的一部分。当然,这种现象只不过说明艺术品这种特殊的世界物更能表现世界者的本质,更能揭示世界者的存在,更能领悟世界者的意义,更能把握世界者的世界活动,更接近于世界者的世界。因此,艺术品这种特殊的世界物就被看成世界者世界活动的一种方式、一种媒介、一种途径,就被视为世界本身的一种特性、一种规定、一种本质。

异化在世界者与此物的相遇中产生。所以,作为物化,异化仅仅是此物化,而不是彼物化。所谓此物化,就是世界者的此物化,同时,它也是世界物的此在化。它意味着世界物是以此在化的方式不断向世界者内部渗透着、扩散着。

世界学想强调一点:世界者有创造世界和建构世界的能力。这种能力为世界者独有,它是世界者本己的东西,不是世界物或"世界"提供给世界者的。所谓创造世界,不是要创造出一个地球或一个太阳。因为,地球和太阳不是世界,只是某种世界物。世界物不是世界,单纯的世界物也根本无法构造出一个世界。世界是另外一种东西。世界与世界物有关,它不是建立在世界物的基础上。世界的内涵比世界物深刻得多。但也不能直截了当地说,世界物似乎是世界的一部分。不妨说,世界恰恰是独立于世界物的"世界"。世界者创造世界不是要创造世界物(当然,此物作为**本质的世界物**的确是被世界者历史性地创造出来的),世界者创造世界不是要多弄出几样世界物来,摆在世上,供人观看和使用,而是要把世界物安排进世界中,放在世界里面。这样,**世界物通过世界者之手而参与了创造世界的世界活动**,进而适应了世界的秩序,并在世界者安排好的世界秩序中占有一席之地。

卷　三

世界物的本质是此物而非彼物。但**此物化的彼物**在一定程度上分享了世界物的本质。

自身异化成的身外之物与其他那些世界物之间有何区别？具体说来，由世界者异化来的身外之物基本上都是世界物的"此"，即此物，而非世界物的"彼"，即彼物。

身外之物异于自己本身，故而由自身变成身外之物就是异化。异化是把自己变成自己口袋里的钱，变成自己手中的权，变成自己达到目的的手段，变成自己狂热崇拜的偶像。

刀枪虽然能取人性命，置人死地，但仍是此物。瓜果虽然能供人饱腹，但仍是彼物。就是说，此物与彼物同世界者之关系远近并不以利害相计较。有害的可能是此物，有利的却倒是彼物。同时，土地虽近在脚下，却是彼物；圣地虽远在天边，但仍是此物。即是说，此物与彼物同世界者之距离并不以空间远近为标准。

世界物：（A）此物：（a）纯粹此物（艺术品），（b）一般此物（法律、制度、房屋、工具等）；
（B）彼物：（a）纯粹彼物（高山、海洋等），（b）此物化之彼物（树木、动物等）。
纯粹此物与纯粹彼物是对应的、对称的，具有同质性和同构性。所以，艺术品总是以原始自然为对象，总是呼唤人们回到大自然。

此物分为两种：一是实体性的此物，如艺术品、书籍、房子等一切人造之物；一是功能性的此物，如制度、宗教、法律、道德等。实体性的此物又可称作显性此物，功能性的此物又可称作隐性此物。

一幅画中的花是此物，盆中栽种的花亦可算是此物，庭院中栽种的花则有此物与彼物两种成分，草原上生长的花应该算是彼物。由彼到此，由此到彼，一彼一此，彼此相继，生生不已，这种建立在彼此相生基础上的世界结构是世界者的世界活动的一般形式。

一棵自然生长的树是彼物,一棵人工培养的树是此物。如此,"树"具有"此"与"彼"的双重性。分析世界物的一般结构,必须以此为基点去把握其内在的"此"与"彼"之双重性。就世界物而言,"此"与"彼"不仅意味着某种不同的定位,也意味着某种有别的定向。

牛、马、羊等动物就是活生生的此物与彼物的合成物。它们既是世界之中的此物,又是世界之中的彼物。推开言之,几乎所有动物,诸如虎、豹、熊、蛇、鸟、鱼等,均可同样视为此物与彼物的合成物。

庄稼即是一典型的此物化的彼物。

河水与井水,一为彼物,一为此物化之彼物。

不是"井水不犯河水",而是"井水必犯河水"。因为,恰恰在河水的映照下,井水的方位才被确定下来。挖井作为世界者世界活动的一部分,较之地面上的河水,无疑更为深入一些和内在一些,更加接近土地的本质,更加符合水的精神。因为,大地把这部分水隐藏起来、储存起来、保管起来,不受污染和浪费,却唯独对人开放,让人把它提取出来使用。

一条河流上架起一座桥,哪怕是一座独木桥;一条河中驶过一条小船,哪怕是漂过一块船的碎片,我们也必须认定:这条河已经不再是"自然的"和"物质的",而成为"历史的"和"世界的"。在这里,我们的意向之一是把"世界"和"物质"对立起来,将"世界"视为"非物质"的。

"家""故乡""祖国"等也属此物,而且是较为纯粹的此物。尽管世界者浪迹天涯,四海为家,但相对于所在之地的异国他乡,远在天边的"家""故乡""祖国"反倒是离他最近的此物,近在眼前的他邦异乡倒成了离他较远的彼物化之此物。

食欲与性欲虽然也具有物的此与彼之双重性,却不能简单看成一种此物与彼物的合成物,而只能规定为世界物的此在性与彼在性。

此物是世界物的此在状态和此在结构,彼物是世界物的彼在状态和彼在结构。

就"此物"与"彼物"这一对概念看,其划分标准也是意义学的,即,此物和彼物同世界者的关系远近,主要是一种意义大小的问题。意义大的近,意义小的远。显然,远近不是一个空间概念和时间尺度。对世界者来说,凡是意义大的,都是此的、近的;凡是意义小的,都是彼的、远的。所以,远近主要指向一种意义的大小。

此物和彼物皆是身外之物,区别在于,此物是上手之物,彼物是不上手之物。

天和地都是彼物。但彼物本身又有区分:一是接近此物的彼物,一是远离此物的彼物。

世界物以世界者为尺度。世界物本身则是**彼物以此物为尺度**。这并非暗示出一种目的论的意图。我们不能说,天造源于地设,地设源自人为。

对世界者来说,没有什么"自在之物",只有身外之物。身外之物并不自在,故而不是自在之物。任何物都不可能独立于世界者而自在,而只能相对于世界者而处于身外。

就此物的纯粹程度而言,原始人的石器并不比现代人的器具距离我们更遥远,同我们的生命更缺乏联系。就是说,此物的纯粹性不包含时间性和空间性这类非历史的规定。基于此,我们常常不无幻觉地认为:原始人比现代人更像"人",更有"人性",更合乎人的"本质",原始人比现代人生活得更自由、更幸福。这种观点不能说没有一点道理，但它毕竟属于自作多情和一厢情愿。

　　杀人的刀子是否比住人的房屋更远离人的本质？牢狱是否比家更不合乎人性？从此物的纯粹性分析，二者并无差别。它都是由世界者亲手所造，亲手所为。作为世界者的身外之物，它们被合理地组建在一个彼此联系的有机网络中，共同环绕在世界者的周身。世界对它们的选择与取舍向来不是孤立的，总是牵一发而动全身。物化结构的严密程度使得此物之间的差别对世界者已无任何实际意义。世界者看到和关心的已不再是一个个孤单单的某个此物的特殊用处，而是一系列结构严密的此物整体的相互照应。

　　比如，一个人收藏油画，已不再是出于对艺术价值的考虑（当然，也不能绝对说这种艺术考虑因素一点没有，但毕竟微乎其微），而是出于它能给自己带来多少新的财富，而这些新财富又能给自己增加更多更新的财富。这种循环显然无穷无尽。又如，一个人写作或研究，很大程度上是考虑这项职业能给自己带来什么"荣誉""名望""地位"，而这些名望和地位又能给自己带来多少新的物质财富和实际利益，而利益和权势又能使自己占有更多的此物。这种结构严密的此物整体，对世界者的抉择能力提出了严峻挑战。要么彻底打破无限的此物锁链，要么更少自由地束缚于此物锁链的捆绑。所以，世界者总是在世界的地平线上左右彷徨、犹豫不决，要财富，还是要权力；要艺术，还是要生活；要磨难，还是要享乐；要忠诚，还是要背叛；要精神，还是要肉欲。诸如此类，不胜枚举。结果又怎么样呢？伴随着越来越多的两极分裂，世界物就像疯狂扩散的癌细胞一样布满了世界者的躯体。此物紧紧攫住了世界者的灵性，使世界者长久以来知此不知彼，以至于彼物竟成了呼唤世界者恢复自己本性的理想场所。在整个文明进程的重要转折关头始终不绝于耳的"回归自然"的呼声就是明证。但"回归自然"仍然是一种物化情态。只不过由此及彼，以此物换成彼物而已。但自然的物化较之社会的物化又能好到哪儿？所以，"回归自然"不是世界者的真正出路。世界者的真正出路不是选择物化的不同方式(好像两害相权取其轻似的),而是思考自身化的可能性。所谓自身化就是要求世界者必须划清自己本身与身外之物之间的界限,既不使自己本身受到身外之物的腐蚀,又不使身外之物成为自己本身的一部分。所以,自身化是自己本身的纯粹化。世界者有理由是纯粹的。哪怕世界物太不纯粹了。

自然生长的树是彼物,人工种植的树是此物化的彼物或彼物性的此物。其他诸如:人工改良的品种、嫁接的树木、饲养的动物、培植的生物等等,均可如此理解。

世界物的种类越来越多,世界物之间的差别越来越小。世界物的均质化和同质化对世界者来说,既是抹平,又是凸显。

此物可分一般此物和纯粹此物。艺术品是纯粹此物。艺术品作为此物,其纯粹程度越高,它与世界者的关系越密切;反过来说,它与世界者的关系越直接,其纯粹程度越高。

世界物的定义是,世界者的非本己的身外之物。所谓身外之物是说,世界物不是世界者的"身"。这个"身"既包括"身体",也包括"身心",故而,世界物指的不是世界者"本身"。身外之物是指世界者"本身"以外的东西。这些东西是非本己的,故而构成世界物。物总在身外。就是说,"身"本身并非一种物。我们说"动物"这个词时,实际上是把动物当成"物"来对待的,所以,动物没有"本身"可言。动物这种"物"直接就是其"本身"。动物是"物",世界者不是物,故而,物化状态对世界者就是非本真的,但对动物则是本真的。

一旦世界者沦为某种"物",就是指世界者从自己"本身"游离到自身之外,成为自己本身的身外之物。世界者作为自身的身外之物,与自身构成一种对立和冲突,这即是异化。异化是说自己和自己不一样了,自己不再是(原来的)自己。身外之物的"我"支配和统治着本身的"我"。身外之物不是从纯然外在的方面强加在世界者身上的,而是从世界者本身直接引发出来的。这种引发不是说世界者原来存在一种"物性"的东西和"物化"的因素,只是它还没有发育起来,还处于潜伏期,而是说,在世界者与世界物打交道时,它本身已经身不由己地被自己当成一种"物"来对待了。这样,**世界者整个成了世界者自身的身外之物**。这种过程好像一种"剥离"的过程,即,世界者好像被某种异己力量重新剥落出一个自己。这个新的自己诚然是身外的,但又好像是内在的。**一种无形的力量完成了一种无形的过程**。于是,世界者由自身"到了"身外,由本身成了身外。自己与自己对立。自己不认识自己。自己迷惑自己。自己畏惧自己。自己厌恶自己。说到底,自己仍是自己。只是自己发生了分裂。自己便以身外之物的旁观者的眼光来打量自身。这种方式叫做反思(它仿佛是对异化的摆脱)。其特点是客观、冷静和陌生,即不把自己当成自己看。把自己当成别人,用看别人的眼光来看自己。

不把自己当成自己,身外之物就变得合情合理。与此同时,自己本身反倒变得不合情理。身外之物以几何级的速度飞快增长,自己本身以几何级的速度急剧萎缩。铺天盖地的身外之物像核裂变一样把残余的自身一节节、一层层、一块块地抽出来、剥下来、割下来,直至将自身弄成一个僵硬的标本。自身成了僵死的躯壳,身外之物反倒成了鲜活的生命。自己本身完完全全地依附于身外之物。于是,自身有了一个物质基础,物质基础对自身的存在也有了决定性的意义。

这个过程呈现出:第一,自身的物质基础不是一开始就有的,它是身外之物不断增长和膨胀的结果;第二,物质基础对自身的决定性也不是从一开始就有的,它是**身外之物全面化**的产物。

世界者只要与世界物打交道,就始终存在一种物化的可能。不是世界物使世界者物化,而是世界者通过世界物来使自己物化。物化之于世界者,绝不是一个被动的结果,而是一个主动的选择。

分离物是世界物的一种结构特性,因而可以说世界物是一种分离物。作为分离物,世界物只能是对世界者的分离,而不是对世界的分离,因为世界唯有在世界者的意义上才能得以规定和展示。世界物从世界者分离出来,构成了世界定式。换言之,世界定式由分离的世界物构成。本质上,它是一种四分五裂的世界的物化形式和物质基础。

分离物表明了世界物作为从世界者分离出去的一种东西,永远没有可能再次进入或返回到世界者内部,而只能无限期地游荡在世界者周围,并逐渐凝淀为最缺乏活力的板块和碎片。

此物是从彼物分离出去的分离物,正像艺术是从生活分离出去的分离物一样。

分离物意味着某物不可能再进入到某物的中心。

世界物是非意义的,而不是无意义的。非意义不是无意义。

世界的"此"与"彼"从来不是一个世界者的问题,只是一个世界物的问题。换言之,世界者从不包含"此"与"彼"的双重可能性和两难对立性。

文本、器具、制度,这三样东西为此物之基本样式。

世界物越来越多,世界物与世界者的关系越来越复杂,世界物与世界者的界限越来越模糊。为了明确这种关系和界限,需要世界学的创造性努力。

按照世界学眼光,"此在"即此物,亦即此在之物。它标明世界物的此在性。

此物对世界者的贴身容易产生物化,最容易将世界者物化成世界物。物化的发生本真来源于世界者不再成为"物主",而成为"物者"。

何谓此物的"此"?

此物是世界者最贴身之物。也正因为贴身,它才是"物"而不是"身"。正像人的内衣内裤一样。内衣内裤诚然是人身上最贴身的东西,但正因为过于贴身而恰恰不能成为"身"。但这不是说,不贴身的东西、与"身"较疏远的东西,反而有可能成为"身"。而是说,恰恰由于此物对世界者的贴身,才格外鲜明地凸显出"身"与"物"的本质界限。"身"与"物"恰恰就在这种"短兵相接"中才异常醒目地成为各自不同的自身。双方的直接接触非但没能泯灭二者的差异,反而急剧拉开了相互的距离,使彼此之间变得格格不入,空前陌生,难以融洽。仿佛"物"越贴近"身",就越不是"身",就越异于"身",就越远于"身"。对世界者来说,贴身之物哪怕再贴近,也只能是物而不是身。因为,贴身之物永远不可改变地是身外之物。也正因为它是身外之物,它才可能来贴身。所谓贴身,就是从身外逐渐靠拢、贴近。一旦身外之物成为贴身之物,物的"此在性"就赤裸裸地表现出来。物的"此在性"使贴身之物成为"此物"。此物是"物",但此"物"却不在别处或他处而恰恰在"此"。此物在"此",使得此物之"物"绝不同于他处或别处之彼物。彼物在"彼"同此物在"此"遥相呼应。在"彼"之彼物与在"此"之此物构成了连续不断的物的脉络与锁链。此物在"此"突出了"物"的本质。这种突出不同于彼物在"彼"对"物"的一般性规定,因为本质总是最近的东西。本质不在远处,更不在遥远得不可目及之处。本质就在眼前,就在眼下,就在最近之处。所以,在"彼"之彼物一般不能对"物"有任何切实之规定。充其量,它只能对"物"的内在本质作出一番不着边际的笼统论断和模糊指示。人们从中寻找不出具体确凿的内容,只能迷惑和沉溺于它所炫耀的抽象和玄谈之中。因而,对"物"的本质规定只能从就近的在"此"之此物中发现。事实上，此物的确是展示"物"之本质的最佳方式和场所。此物在"此"便为展示在"此"之"物"提供了最为切实可靠的线索和方式。此物因"此"而成为"物"。所谓成为"物"就是"物"借"此"、据"此"、凭"此"而得以显露"物"之本质。这样，"物"之"此在性"成为"物"最一般的本质。较之"物"的"此在性"，"物"的"彼在性"仅仅具有一种最外在的抽象形式，它与"物"的真正本质无关。因为"物"的真正本质只能由此物的"此"，即"物"之"此在性"规定。所以，"物"之"彼在性"作为"物"的外在形式永远不能展示出"物"的纯粹本质。在此意义上，彼物绝对不同于此物。但这并非说，彼物与此物是两种完全不同的物。我的意思是，二者的区别仅仅在于一者与本质有关，一者与本质无关。这也并非说，此物是本质之物，彼物是现象之物。而是说，在展示物的本质方面，一者有此可能，一者无此可能，即，此物有可能展示物之本质，彼物没有可能展示物之本质。因而，展示物之本质并不成为本质之物，不展示物之本质肯定成为现象之物。在这里，传统概念的含糊之处甚多。比如，所谓"本质之物"，好像说本质是一种物，所谓"现象之物"，好像说现象是一种物；同时，所谓"本质之物"，又好像说某种物是本质，所谓"现象之物"，又好像说某种物是现象。因而，我们的论证必须与此有别。我的意思是，尽管此物与彼物的区别在于，一者能展示物之本质，一者不能展示物之本质，但二者之区别并非本质性的。因为二者都是物。只不过一者更贴近世界者，一者不那么贴近世界者。但我们也不可小看此物对世界者之贴近。因为这种贴近不但使此物得以充分展示出物之本质，还使物明确区别于世界者。因为物之本质恰恰在于物不同于世界者。但这个本质却因彼物过于远离世界者而难以直接呈现出来，故而，物之本质一直被遮蔽着。但此物因其在"此"而使"物"显露出这种本质，从而就使世界者得以呈现出自身的真正本质。就是说，此物在展示出"物"的本质时，同时呈现出世界者的本质。但这不意味着，此物本身具有一种呈现世界者本质的"天然功能"。因为此物乃是世界者所为之物。世界者"造出"此物，就把自己的纯粹本质一同"注入"此物中，从而使此物得以展示作为此物之"造物主"的世界者之本质。所以,世界者作为此物的"造物主",不需要等到此物来展示自身之本质,而是早在此物展示自身本质之前,早已将自身本质展示给了此物。此物因"此"不同于彼物,因"此"而成为此物。因为此物的本质是在"此",即"此在性"。"此在性"使此物贴近世界者,从而使"物"之本质与世界者之本质一同完整而又真实地呈现出来。通过贴近,"物"得以在"此",此物成为此物。但此物之意义,却不仅仅在于在"此"而缩短了与世界者之距离,也不仅仅在于拉大了与彼物之差距,而在于明确显示出,任何情况下,世界物的本质绝对不能混淆于世界者的本质。

眼镜诚然具有一种视觉功能,诚然是距离眼睛最近的东西。也正因如此,眼镜这种贴身的此物完全不同于眼睛。尽管眼镜作为离眼最近的此物的确缩短了眼睛与彼物的距离。但眼镜具有的透视功能却仅仅是为眼睛服务而设置的。眼镜对鼻子和耳朵或嘴巴就不具有这种透视功能。所以,眼镜具有的使眼睛得以较为清楚地观察彼物的透视功能,只是以一种纯粹物的形式与眼睛建立起了一种本质的关系,从而使眼睛有可能借此物而达彼物。

此物对世界者的贴身,不但显示了世界物不是世界者的本质,而且显示了世界物无法规范世界者的本质,最后还显示了世界者的本质绝对不同于世界物的本质。

此物以"物"的本质形式在"此",表面上区别于在"彼"的彼物,实际上却有别于世界者。

世界学的目的是在世界物中剥离出一个纯粹、透明、真实、完整的世界者。如果把世界物比作世界者的衣服,世界学的目的是要把世界者身上穿着的所有外套和内衣统统脱光、脱净,从而使世界者以一种纯粹、透明、真实、完整的形态呈现出来。对世界者而言,世界学仿佛一种"脱衣术"和"脱衣舞"。

如果把世界物比作世界者的衣服，此物便是世界者的内衣，彼物则是世界者的外套。

此物与彼物均意味着世界物在"此"或在"彼"。那么，世界者究竟何在？

物的连续域或连续场。

世界物是连续的，也是无限的。世界物的这种无限的连续性构成了一个"域"或"场"。所谓域就是"世界域"，所谓场就是"世界场"。就其本质，它无不以世界物的连续性为纯粹规定。比如，世界者手握锤子将钉子钉在墙上。由此构成一种世界物的连续域。意思是，从此物到彼物的无限展开和延伸过程。对世界者来说，锤子诚然是此物，钉子则是彼物；但对钉子来说，墙壁是它的彼物，锤子则成为此物。可见，世界物的此在性与彼在性是相互的、中介的、辩证的、连续的。这些基本特征显示出世界物是一个内在的统一整体。世界物不是以个别的此物或彼物的形式与世界者相对立，而是以一种此物-彼物的连续域的统一整体与世界者相对立。明乎此，我们便不至于将此物与世界者之间的界限混淆起来，以至于用此物代替世界者甚至掩盖世界者。大多数情况下，彼物对世界者的掩盖总是较为露骨和粗糙，此物对世界者的掩盖就含蓄和精致得多。

彼物有声音而无语言，此物既有声音又有语言，这使得此物非常接近和类似于世界者。这也是人们常常搞不清此物与世界者的区别乃至误认为此物的语言比世界者的语言更高级的主要原因。一般说来，彼物的确有自己的声音，此物的确有自己的语言，但它们都不能主动地、有意识地向世界者直接"说出"和"道出"自己的话语。它们必须借助某种需要"听"和能够"听见""听懂"的东西才行。这点非常关键。因为唯有世界者才会主动地、有意识地去"听"并能够"听见"和"听懂"彼物的声音和此物的语言。事实上，正是在世界者对彼物之声音和此物之语言的全神贯注的"倾听"和"聆听"中，彼物才会"发声""出声",此物才会"说话""讲话"。

此物是世界者的话语,但此话语却是世界者在"听到"彼物发出的声音而"说出来"的。这也不意味着此物之话语比彼物之声音更"晚"更"迟",而只是意味着此物与世界者有着更为接近和相似的共同本质。它只是相对彼物而言才是接近和相似的。尽管彼物与此物都在"倾听"世界者的话语,但由于"听"的角度不同、距离不同,"听"到的内容便大不相同。在这方面,此物显然比彼物更"会听",更"善听",更能"听出门道"。在这个意义上,此物与世界者之间具有一种相互理解和共同感应的深刻关系。

此物诚然是世界者"说出"的话语,但也并非与彼物没有一点关系。只不过,对世界者的"说"而言,此物较之彼物包含有关于世界者的更本真的内容。

此物之所以能使世界者产生物化,在于此物原本是世界者分离出去的一部分。此物的本质不仅在于它是"物",更在于它是在"此"之"物"。"物"在"此",便对世界者具有一种本真的关联性。这种关联性之密切常常使人难以分辨世界者与此物之间的本质界限。

所谓"此",便是在于世界者身边、旁边、手边,就是距离世界者最近的地方。所谓最近,包含有无限的意思。就是说,此物可以无限地接近、靠近世界者,以便与世界者发生更加亲密的关系。

大地是彼物,鞋子是此物,道路(特别是人修建的各种马路)则具有此物与彼物的双重性,故而构成一种**彼-此物**。

此物与彼物的关系不意味着世界物中间存在一种非此即彼或非彼即此的关系。它只是意味着在世界物内部存在一种"此"与"彼"的可能。这种可能暗示出:在"此"与"彼"的对峙中,相互转化的可能性是存在的,而且是无限的。正是在这种相互转化的无限性中,"亦此亦彼"成为世界者最为熟悉的现实情态。

世界者越来越沉溺于此物的包围和缠绕,以至于常常身不由己地遗忘了彼物之存在。本质上,这不仅是世界者产生的深刻悖论,也是世界物产生的内在分裂。这种分裂直接表现为世界物的彼在性与此在性的对立与僵持。如此,世界者失去了对彼在的世界物的兴趣与关注,而仅仅局限于自身的狭窄天地以及与此在的世界物之间的一己私利。世界物的彼在性感召与呼唤早已成为一去不复返的古老梦幻和原始回忆。其中或许还渗透和遗留着些许的温馨和甜蜜,但对于被此在的世界物搞得昏头昏脑却又患得患失的世界者来说,根本算不了什么。

世界物虽是世界的物质基础,但不意味着世界物对世界有一种优先性。不管怎么说,世界物永远是世界者的工具。不论"远在天边"的彼物,还是"近在眼前"的此物,它们都是世界者建构世界的工具。

此物是世界者"近在眼前"的工具,彼物是世界者"远在天边"的工具。但二者都被把握在世界者的手头。此物与彼物的勾连乃是世界定式的一般原则。对此原则,世界者只是使用而不是理解。

要么舍此物而取彼物,要么舍彼物而取此物,这是世界物为世界者设定的一种恒在的两难困境。非此即彼或非彼即此,成为世界者对待世界物的一般常态。另一方面,亦彼亦此与非彼非此的辩证性又往往使世界者殊途同归地坠入莫名其妙的空虚和虚无。在此虚无中,一切顿失,世界上竟然空无一物,此物与彼物的虚假性与无意义性在此时此刻暴露无遗,剩余下来的便是抽象而又具体的世界物本身。这种作为世界最后剩余的世界物在冷漠摒弃世界者的情况下也日渐疏远了自身。于是,空无一物的世界仿佛还有着一种使人留恋和怀念的世界物似的。这好像就是世界物的此在性目的。但对世界物的彼在性,善于记忆也善于遗忘的人类却不置一词。当然,善于记忆与善于遗忘只能灵活地运用于不同的场合和不同的事物,而绝不可能在同一时间同一地点同一对象身上加以使用。

世界者必须善于"清理门户",即,把不是自己本身的那些身外之物统统清除掉,这就要求世界者对世界物必须有一个清醒达观的立场,尽可能地使世界物不致渗透和掺入世界者体内,从而保持和恢复世界者本身的透明和生机。因为,世界物的堆积对世界者的生态环境来说无异于一种污染和灾难。世界者的生态环境是世界者的生活世界,它有赖于历史性的世界活动之奠基。

此物与彼物皆为世界物,但之所以为一此一彼,区别不在于"彼""此"二者之性质,而在于"彼""此"二者之意义。就是说,关键不在于二者作为世界物的性质不同,而在于二者对世界者的意义不同。比如,一棵自然生长的树是彼物,一棵人种出来的树就是此物。此物与彼物的关系是一种意义的关系。所以,一百万年前的一块石器要比现在的一块石头有价值得多。一百万年前的石器距离人们反而近,现在的石头距离人们反而远。因为,一百万年前的石器是此物,现在的石头却是彼物。可见,此物是距离人们近的世界物,彼物是距离人们远的世界物。所谓"距离"既不是空间性的,也不是时间性的;既不是物理性的,也不是心理性的,而是历史性的和意义性的。就是说,依据意义的标准,此物距离人的历史近,彼物距离人的历史远。换言之,依据历史标准,此物对人有意义,彼物对人无意义。

世界者一旦被固定和钳制在世界定式中,他就成为世界物。这种固定和钳制具有各种各样的形式,比如,诱惑、暗示、强迫、惩罚、感化、教育、欺骗等等。

如何使世界者寻觅的眼神从世界物转向世界者,如何使世界者搜索的目光从世界定式转向世界活动,这是世界者费心思考的首要问题。因为从一般情况看,世界者和世界活动总不如世界物和世界定式那么易于定在和凝固,往往都是转瞬即逝的。在常人眼里,世界者和世界活动总是如过眼云烟,毫无定形。这常常使人觉得其毫无永恒之价值和魅力。因为较之世界者和世界活动而言,世界物和世界定式反倒更为长久和持存。

世界者与世界物的区别不在于前者有意义而后者无意义,而在于世界者包含世界活动,世界物不包含世界活动。世界活动既使世界者成为可能,又使世界物成为可能。世界者与世界物得以可能的根据都是世界活动。就"世界"这个词的本义看,只有世界者才"有"世界,世界物不可能"有"世界。世界物有的只是一种环境和空间。所以,世界物永远都是一种环境的产物和空间的摆设。想方设法地使自己适应环境,维持现状,固守一隅,这是世界物的本质规定。不论动物还是制度,皆是如此。动物对环境的适应能力远远超过人,制度对现状的保守程度也远远超出人们的想象。相反,世界者不是这样。世界者只与世界发生关系。世界物只与环境发生联系。

世界者可说,世界物不可说。可说是指世界者对自身的言说,不可说是指世界物对自身无法言说。因为世界物不具有任何可说性,即可能的言说性。

世界物是世界的一部分,世界者却不是世界的一部分。世界物与世界的关系可以理解为部分与整体的关系,世界者与世界的关系却不能作此理解。毋宁说,世界者是整体,世界是部分。

就世界者而言,世界物为"彼";就世界物而言,世界者即"此"。但世界者与世界物之间却不能简单地"彼此彼此"。同时,"非此即彼"或"非彼即此"亦行不通。

人工饲养的动物与野生动物之间的区别,在于前者是此物而后者是彼物。此物与彼物的不同在于二者与世界者的关系不同。这种关系就是与世界者之间距离的长短和空间的远近。它表明了世界物内部结构的深刻差异。这种差异恰恰使世界物的内部结构得以保持平衡。

世界本身指的是世界者的纯粹性、完整性和直接性。"世界性"指的是世界活动的普遍性。

世界物的世界性同世界者的世界性显然不同(这种不同首先取决于世界者对"世界"和"世界性"的具体规定)。但这种差异尚未被人们明确认识到。所以,人们喜欢在"世界"这个话题下将世界者与世界物混为一谈。

世界者如何规定世界,这与世界物无关。

此物与彼物不具有必然联系。在物的结构中,此与彼既非截然对立势若水火之两途,亦非须臾不离浑然一体之关系。此物不直接来源于彼物。面包不直接来源于麦子,椅子不直接来源于树木,钢铁不直接来源于矿石,燃料不直接来源于煤或石油。**此物与彼物的世界化模式必须放置于一种更为广阔和内在的世界者之世界活动的总体结构中才能得到完整把握**。基于这个立场,不但此物是世界者世界活动的结果,就连彼物同样是世界者世界活动的表现。就是说,此物连同彼物皆因世界者之世界活动而得以可能。

基于世界物的眼光,物化包含两重含义,一是此物同化彼物,一是彼物同化此物。所谓"彼此彼此"即此同于彼,彼同于此。物物相易,物物相同,即谓之同化。物物相同,无一物不同,此亦谓之大同。大同者,世界之大同也;世界之大同者,世界物之大同也。世界物之大同非谓世界者之大同。世界物之大同即谓万物皆同。世界物乃物之世界,它建立在世界者之世界活动的基础上。

世界者的内在性表现在彼‐此的张力性。即此物与彼物的世界性。这种世界性即世界物的二重性。它标明了世界者与世界物的世界关系中,此与彼不单纯是一种空间和方位,还是一种时间和向度。就其本质,此与彼首先是世界者把握世界物的两种方式和两种眼光。划分了彼‐此,就同时划分出了世界,就把世界划分成了两块不同的部分和区域。它意味着世界是分裂的世界,是分裂成彼与此的世界。世界的这种分裂又是世界物的自我分裂。因为世界分裂就建立在世界物的此与彼的张力基础上。所以,此物与彼物的张力性乃是世界分裂的物质基础和动力结构。

世界者的世界活动就其本质而言,不是在增加世界物或堆积世界物,而是在消除世界物或减少世界物。使世界最终成为无"物"的世界,是世界者世界活动的理想。

世界物的本质是力图使世界物化。因而,世界物的终极指向是"物世界"。即物化的世界。世界者的意图与之相反。但世界者要达到这个目的也很难。因为世界者自身也有局限。但这个局限性却不是指世界物优先于或内在于世界者,而是指世界者常常不知道应该采取什么方式来处理世界物。

"无物"表明了世界物的某种悬搁状态。在此悬搁状态中,世界者被凸显出来。

异化既是世界者的此物化,又是世界物的此在化。它意味着,世界物使世界者成为此在之物。还意味着,此物以"在"的方式进入世界者内部从而控制了世界者。

此物与世界者之间有一种最为直接的关系。这种关系的直接性常使人忽视了二者的内在区别,以致使人有意无意地将二者视为一体。人们不假思索地认为此物是世界者的一部分,但对这一部分与世界者究竟有何不同，人们却不甚明白，甚至不以为意。大多数情况下，人们都是习惯性地将作为世界者一部分的此物与世界者混合起来，等同视之。其实，世界者与世界者这一部分完全两码事。二者既非整体与部分之关系，亦非本质与现象之关系，更非原因与结果之关系或主体与客体之关系。世界者是世界者，此物是此物。诚然，此物是世界者的一部分，或许，就世界者世界而言，此物还占居一个相当显赫的地位。就人们的普遍观念而言，此物还是世界者世界绝对不可缺少的重要部分。不言而喻，我们承认这些观念的合理性。我们的立场是，不管人们把此物与世界者的关系强调到何种密切的程度，对世界者来说，此物永远是外在的，即使此物确实是世界者的一部分，它仍是世界者本身"之外"的一部分。这一部分，不完全等于世界者本身的"外在"部分。按照一般理解，"外在"总是相对"内在"而言。用"外在"概念阐述此物与世界者之关系显然不能明确、具体地揭示出世界者与世界者的一部分之间蕴含的全部意义。而且，"外在"概念也过分强调了此物与世界者之间的距离和区别。我们希望既要明确指出世界者与此物之间的真正区别，也要充分揭示出世界者与世界者的一部分之间具有的深刻联系。因为这种联系程度之密切常使人陷入迷惑和误解。为了避免重蹈覆辙，必须选择另外一个概念来表述我们的意思。这就是"之外"这个词语。因为"之外"并不对立于"之内"或"之中"。其实，在世界学的意义上，"之外"就是"之内"和"之中"。但这不等于说，此物作为世界者"之外"的一部分同时就是世界者或世界者本身的一部分。因为，世界者不是某种"之内"或"之中"。此物作为世界者"之外"的一部分尽管可以说是"之中"或"之内"的一部分，但它毕竟不能堂而皇之地进入世界者"之中"或"之内"。姑且不说世界者绝对不是"之中"或"之内"，即便是，此物也绝对进入不了世界者"之中"或"之内"。尽管如此，这并不否认世界者世界可以有"之中"或"之内"。不妨说，此物作为世界者"之外"的一部分虽然不能进入世界者"之中"，却可以进入世界者世界"之中"。基于此，我们得以说清世界者与此物之关系。一方面，此物作为世界者"之外"的一部分,同时也是世界者世界"之内"的一部分。这就排除了此物之于世界者的某种生硬的"外在性",而使此物具有一种内在的世界性。所谓内在性是内在于世界,而不是内在于世界者(说此物外在于世界者固然过分生硬,但反过来说此物内在于世界者也确实有些牵强)。另一方面,此物作为世界者"之外"的一部分虽然是世界者世界"之中"的一部分,但终究不是世界者的一部分。它与世界者仍有着不容忽视的本质区别。抹杀这一本质区别,就不能正确认识世界者。世界者之为世界者,即在于此。世界学的要求是,既要把此物放到世界者世界"之中",又不能让此物掺进世界者本身。因为世界者是一个绝对纯粹的透明体。

世界物对世界的填充并未使世界变得丰富和充实,反而使世界变得单薄和空虚。这意味着世界不是依靠世界物填充起来的,而是依靠另一种东西支撑起来的。

世界者的世界是作为世界者的存在方式和历史境遇而存在的。它不应该(也不可能)有任何非世界的属性和品格。即,世界者的世界不是由世界物构成的世界。尽管世界者的世界确有世界物这种东西,但世界物不能单独构造成一个自足的世界,或先于世界者而存在的世界。

卷　　四

　　世界观的可能性在于世界者的"世界性"。因为唯有世界者能"观"世界。但世界观之于世界者的"世界"还不能不是"第二手"的东西和"晚来"的东西以及"落后一步"的东西。世界并不与世界观同时面世。因为在世界者看到世界之前,元世界已经使其成为世界者。成为世界者意味着对世界有所"观"。但这远远不足以使世界者成为世界者,因为世界者的可能性在于世界者－世界。

　　世界者之为世界者,必然对世界有所把握。因为在他成为世界者的一刹那,他与世界早已有了一种不解之缘。这正是由世界者－世界奠基和昭示出来的普遍联系和象征变形。世界观正是基于世界者－世界得以产生的象征变形之一。可见世界者－世界对世界者而言乃是比世界观更"早来一步"的"第一手"的东西。

　　世界者－世界并不意味着世界者就是纯粹的世界。世界者既是世界,又不是世界。归根结底,世界者与世界的关系不是世界上任何一种其他东西可以相提并论的。换言之,世界者－世界既使世界者先天就"有"一个世界,又使世界者本来就"是"一个世界。正因如此,世界观实际上是**世界者"观"**,"观"世界事实上是**观世界者**。在这种世界者"观"的世界观中,世界观只能是对世界者的"直观";在这种由世界者"所为"的世界观中,世界观只能是以世界者自己为"所观"对象,世界观只能"直观"和"洞观"世界者自我。本质上,**世界观是世界者对自身的"直观"**,**是世界者对世界者－世界的"直观"**。

世界观是世界者对世界的"直观"方式。但一般来说,它还未能直观到世界者的"世界"。充其量,它只能对世界者所"在"的世界加以"直观"。世界者的"世界"即元世界,不是世界者所"在"的世界,而是世界所"是"的世界和所"为"的世界。这种**为世界者所"为"**的世界不可能为那种擅长对世界者所"在"的世界有所"直观"的世界观所把握。世界观就是直观,但它只是对世界的直观,而不是对元世界的直观。元世界是世界者所"为"的世界,即世界者-世界,它只能为世界学把握。

世界学不是任何一种类型的世界观。

对世界的认识经历了两个阶段:世界观阶段和世界学阶段。如果以世界观划分,即世界观时代和后世界观时代。如果以世界学划分,即前世界学时代和世界学时代。世界观时代是前世界学时代,世界学时代是后世界观时代。世界观与世界学的区别在于,其一,世界观只知有世界而不知有世界者;其二,世界观不明世界者对世界的优先性。优先性本质上是一种意义的本源性,即意义究竟源于世界还是世界者。

一般来说,世界观不可能把世界观"活",不可能以"活"的方式观世界。所以,在世界观的视野中,世界永远是"死"的,永远处于"死寂"状态。在这个意义上,世界观观"死"了世界,世界观埋葬了世界。但世界的墓碑却是由世界学竖立起来的,世界的墓志铭却是由世界学撰写和镌刻的。

世界观总有一种封闭性。因为世界观总是通过某种方式而将世界"关"起来,"关"进一种由世界观自行设置好的既定框架和笼子里。与此相反,世界学则是把世界"放"出来,即开放世界、释放世界和解放世界。世界观让世界患上自闭症,世界学则要治疗这种世界观化的自闭症,以便真正打开世界。

世界者同世界的关系是一种内在关系,但这种内在关系却不能通过任何一种哲学加以揭示和把握。一般而言,哲学不是把世界者看成世界的一部分,就是把世界者同世界当成并列的两部分。前者是世界观的一元论,后者是世界观的二元论。

任何一个世界都有其世界观。世界观是世界者的眼界。就世界者本质而言,世界观并不仅仅是世界者对世界持有的一种观看方式,而首先是世界者对世界特有的一种动手方式。其内涵是,世界者正是以一种世界观的样式去"做成"世界和"构成"世界。所以,世界观是世界者借以建构世界的基本样态。

世界者凭借不置可否的世界观常对世界采取一种模棱两可的暧昧态度。因为它总使世界者对世界感到有一种说不出的焦虑和惊奇。其逻辑是,世界者感到自己被困在了世界定式中,世界又被困在了语言模式中。所以,世界者对待世界只好不置可否。

无论物的世界观还是人的世界观,都是世界观的低级形态。因为这两种世界观都没有展示出人、物与世界之间的内在统一性,反而在某种程度上使得人、物与世界成为三种性质不同的东西。

世界者包含人但又不等于人,世界物包含物但又不等于物。与世界物相比,世界者不但需要世界,也需要世界观。某种意义上,世界观是世界者的第二世界,或可称之为内世界。

在低级的世界观体系中,人与物不过是世界之中的两种不同元素,它们与世界之中的构成没有什么直接的内在关系。在高级的世界观体系中,世界本身不再被机械地区分成人与物以及世界之中这三种彼此隔膜的存在形态,而是被处理成世界者、世界物与世界本身的三位一体关系。

世界者可以"看"世界,也可以"看"自己,还可以借助世界"看"自己,就是不能被世界所"看"。所以,世界者所言,既可以是关于世界的,也可以是关于自己的,还可以是关于世界与自己的,就是不能无关于自己。就是说,世界者的视野最终由世界者自己决定。

世界观不是世界者对世界的观照,而是世界者对自身本质的内省。

世界观的核心是世界者,而不是世界。
世界因观而成形。**世界－观**。

世界观是观世界者,而非观世界。

世界本身没有世界观。世界观的问题是世界者本身的世界问题。换言之,世界观不是世界的问题,而是世界者的问题。

世界者的世界观意味着人只能通过世界者的世界观看待世界。

世界观的真正对象不是世界而是世界者。它意味着新世界观的诞生,这种新世界观的立足点始终落实在具体的世界者身上。新世界观追求的是一种生机勃勃的具有强烈生命意识和生命感的世界景观。这种世界景观是作为原始生命的世界活动的直接显现。这种世界活动通过世界者得以显现出来。所以,新世界观的视野是由世界者的原始生命发散出来的恢宏的世界意象。

世界观与世界感的区别:世界观"观"的是世界定式,世界感"感"的是世界活动。世界观是对世界定式的观察、分析和判断,世界感是对世界活动的把握、暗示和体验。传统世界观无一例外地缺乏世界感这个内在的思辨性的感觉基础,故而流于对世界的抽象之定见。

世界观就其本质乃是关于世界者自身的基本观念。可以说,世界者的世界观乃是真正意义上的世界观,因为它以世界者为基础而第一次恢复了世界观的原始意义。故而,世界观第一次在世界者身上找到了自己得以真实存在的历史根基。

一个人如果不知道世界历史,不影响他在世界上生活。如果他知道了世界历史,就会改变看待世界的方式,进而影响他在世界上的选择。这与其说是一种历史价值或史学功能,不如说是一种世界观。当然只是世界者的世界观。世界者的世界观其实就是历史观。

世界者之为世界者总有一种世界观的需要和立场,总有一种对世界的整体把握和基本态度,总有一种看待世界的必然方式。

唯有世界者才有世界观。世界观不属于世界,仅仅属于世界者。世界观是世界者在世的一种普遍方式。世界观的对象是世界,但意向却是世界者。

任何一个世界者都有自己的世界观。世界观不仅是具体的,还是充满深刻个性的。世界观无不是世界者的个性投影。世界观与其说是一种静态的观念模式,不如说是一种动态的思想活动。就其本质,世界观乃是世界者的生存方式。**世界观的目的不是改造世界,而是创造世界者本身**。

世界者内在包含一种世界观的本体论意向。因为世界观本质上是世界者对自身进行的一种具有本体论意向的洞观或观照。换言之,世界者从本体论角度对自身进行的洞观或观照就构成了世界观。

我把世界观看成动词,但不意味着世界观就是观世界。因为观世界本质上只是一个谓语,真正的主语是世界者。所以,**世界观的本义是世界者观世界**。正因为世界者是世界观的唯一主语,故而,世界观必然是世界者的先天能力和固有性质。所谓固有性质是说,唯有世界者有世界观;所谓先天能力是说,唯独世界者能够观世界。

世界必须从使世界成为世界的世界者之"世界"那里得到唯一本质的规定和解释。因为正是世界者的"世界"使世界得以成为真正可能的世界。

世界域是一个用来描述世界者在观察世界时采取各种角度、视界、背景的综合概念。世界域决定了世界者获得的世界值。所以,任何世界观都受到世界域的制约。任何世界观都是一种世界域的表现形式。

我们眼睛看到的,呈现在我们面前的,并不是世界,而是世界者。世界通过世界者而为我们把握。**所谓世界,就是世界者的一切。**

创造世界的问题不是一个人的问题,也不是一个物的问题,更不是一个神的问题,而是一个世界者的问题。世界者创造世界,而非世界创造世界者。更确切地说,世界者通过自身创造世界,世界者通过创造自身而创造世界。**世界者强迫自己创造世界。**世界者必须创造世界。这暗示着,在世界者身上有一种更强大的力量。这种力量就是"天命"。

一个词可以改变世界,世界者就是改变世界的这个词。

卷 五

当我以一种漫不经心的目光若无其事地打量一个素昧平生的人时,内心会产生一种潜意识的无意义感觉,这是一种直观的无意义形式。

第二种是思索的无意义形式。即当我对某种事物或观念进行了一番深思熟虑之后而必然得出的无意义判断。

第三种是行动的无意义形式。

人们可以谈论不存在的东西,却不会谈论无意义的东西。这就是意义与存在的区别,也是意义高于存在的决定性证据。

"子在川上曰"蕴含的意义可以通过如下分析得以显示:

"子"通过"在"与"曰"这两种合二为一又须臾不离的方式同"川"发生联系。"子"与"川"本无关系。"子"何能关乎"川"那不舍昼夜的川流不息呢?"川"之所以进入"子"的眼帘,"子"之所以成为"川"的景观,恰由于"在"与"曰"。这"在"与"曰"绝非仅仅属于"子",似乎只是"子""在""川"上有所"曰",而"川"却是既不"在"又不"曰",即默默无言。相反,同"子"一样,或更早地优先于"子","川"已经"在"和"曰"。不但"子""在""川"上对"川"有所"曰",同时,"川"也"在""子"面前向"子"进行"曰"。正因为"川"早已"在""子"面前向"子"进行了"曰","子"才得以"在""川"上对"川"有所"曰"。所以,"子""在""川"的"曰"总是后置于"川""在""子"面前的"曰"。而"川""在""子"面前的"曰"总也暗示和包含了"子""在""川"上的"曰"。所以,"子""在""川"上的"曰"永远不是孤立的、片断的、无对象的。本质上,它总是对"川"之"曰"的回声、回应、反响、余波。

从井里打出了一万桶水,如果把这一万桶水重新倒回井里,井是否还能容纳得下而不至于漫溢出来?同样,从文本中解释出了无数种意义,如果把这众多意义再还原到文本中去,文本是否还能容纳得下而不至于胀破?

人们对世界、对生活的忧虑和恐惧之一就是担心无意义无限制地蔓延和增长,从而淹没和遮蔽了有意义的东西。但这种忧虑并不能真正切实地限制无意义的增长,因为无意义恰恰正是人们这种对无意义的恐惧本身直接产生出来的。可以说,没有恐惧,就没有无意义。另一方面,恐惧与忧虑同时又是人类具有的普遍本能,所以,产生无意义并感受无意义同样也是人类的本能。古语云:"人无远虑必有近忧。"不管远虑还是近忧,只要有虑有忧,必然摆脱不了无意义的缠绕,必定避免不了无意义对人性的暗示与诱惑。

现今世界,再没有任何一种意义比意义本身更加不明不白、昏暗不清,再没有任何一种意义比意义(概念本身)的意义更加混乱不堪,再没有任何一种意义比无意义的急剧增长更触目惊心和发人深省,再没有任何一种意义比无意义的模糊游移更令人焦虑和忧惧。

上帝不死,上帝只是存在。
上帝不死,上帝就无意义。

优先性是一个意义学概念,必须从意义学角度定义。比如,人没有创造自然,人却赋予自然以意义,所以,人优先于自然。同时,由于意义本身是一种本体论的东西,故而,人对自然的优先性理所当然地包含一种本体论的基础。

意义是这样一种东西,既无法看见,又无法摸到,却可以感觉到。故而,意义本真地与感觉联系在一起,即意义本质是一种"感"的东西。所谓历史感、美感、生命感、灵感、乐感、神秘感等,均与意义有关。尽管意义与"感"有关,却不是任何一种意义上的"感官"。就是说,意义虽然能被人所"感",能被"感觉"到,却不是由任何一种纯生理性或纯生物性的肉体"感官"所能把握和昭示出来的。相反,对意义的"感"必须彻底摒弃这种"感官"的羁绊而发自内心地自由驰骋。

由于哲学家没有看到意义本身,他们说的无意义只能是一种纯粹可能性的东西。因为在缺乏意义本体论根据时,一切无意义只能和有意义相对立而得以构成。所以,无意义只是一种可能性。因为与无意义之可能性相对应的乃是同样缺乏意义本体论根据的有意义之可能性。这样,无意义和有意义在意义本身"不在场"的情况下,均脱离了真正的现实性,而成为悬挂在可能性半空的纯粹偶然性。因而,世界无意义是可能的,但也是偶然的;同样,世界有意义也是可能的,但也是偶然的。就是说,世界根本与任何意义无关。本质上,世界既非必然有意义,亦非必然无意义。

正像无意识不是没有意识,而是意识不到的意识一样,无意义也不是没有意义,而是**没有意义的意义**和没有发现的意义的意义。虽然无意义不是没有意义,但也绝不是有意义。某种意义上,无意义仿佛是有意义的丧失和有意义的空白以及有意义的缺陷。无意义似乎是意义的虚无,是意义的消失,是意义的隐没。无意义好像是意义流的中止,是意义环的断裂。

无意义非但不是没有意义,反而比有意义更"有"意义。与其说无意义是有意义的日常形式和虚假形式,不如说是有意义的现实形态和真实形态。无意义更纯粹、更本质、更真实地显示出意义本身的原始面目。无意义比有意义更深刻、更内在,故而就比有意义更接近意义本身的本真形态和始源所在。无意义不是对有意义的否定,相反,恰是对有意义的肯定。这种肯定的本质在于无意义不但肯定了有意义的有限存在,而且肯定了无意义本身的无限存在;不但肯定了有意义的特殊意义,而且肯定了无意义本身的普遍意义。毫无疑问,无意义不但有意义,而且比有意义更有意义。在其真实意义上,无意义比有意义更真实。按照层次论观点看,无意义介于意义本身和有意义之间,但无意义本身绝不是任何一种意义上的中介。如果说意义本身处于最内在的层面,无意义无疑比有意义更深刻;如果说意义本身处于最高级的层面,无意义无疑比有意义更高超。

凡是有意义的都可能是无意义的,凡是无意义的都必然是有意义的。

从意义学角度看,现有的语言结构常常颠倒了意义与事物之间的本来关系。比如,本来应该说"意义的存在",我们却习惯说"存在的意义";本来应该说"意义的世界",我们却习惯说"世界的意义"。这实质上是一种语言的错位或语言的紊乱。

不管存在还是不存在,皆有意义。意义性并不取决于存在性。

无意义本质上的无历史性、无可能性与无意义本身的历史性与意义性之间的这种对立正好构成一个富有象征意味的悖论。如果说意义是悖论,无意义就是悖论中的悖论,即悖论之悖论。意义作为悖论与无意义作为悖论之悖论之间的真正区别在于:意义之为悖论是一种自身悖论,无意义之为悖论则是一种关于悖论的悖论。所谓自身悖论是以自身为原因从自身内部直接产生出来的悖论,是自因性悖论(内因性悖论)或自为性悖论;所谓关于悖论的悖论是以悖论为对象而得以产生的悖论,是对悖论本身的一种规定、构成,是一种它因性悖论(外因性悖论)或自在性悖论。

意义论的悖论。

尼采的井盖

一种事物可以无意义,但指出它无意义,这本身就有意义。即,对无意义的揭示本身总是指向有意义。比如,可以说"这句话无意义",但说这句话本身肯定有意义。事实上,"这句话无意义"正是一个意义论悖论。因为"这句话"指的正是"这句话无意义"的"这句话"自身。它既然指出自身无意义,这种指出本身便成为有意义的。由此可见,**一句无意义的话完全可能导致一个有意义的行为**。反过来,如果我们将这句话看成有意义的,可这句话的有意义性又恰恰是通过它对自身有意义性的否定即对自身无意义性的肯定而得以揭示出来。这句话之所以有意义,就在于它以某种方式肯定了自身的无意义。

为什么"打水""劈柴"皆有意义,而"水""柴"本身并无意义?这是因为"打水""劈柴"已被世界者注入了一种世界活动的内容。但需要强调的是,"打水""劈柴"本身并不是世界活动。"打水""劈柴"与"水""柴"之间的区别是,"水"之所以成为被"打"之水,"柴"之所以成为被"劈"之柴,原因在于这里已包含一种世界活动的注入性。它是因世界者将世界活动注入其中,才使得本无意义的"水"与"柴"变成了具有意义的"打水"与"劈柴"。

无意义有两种形式,一种是虚假的无意义,一种是真实的无意义。虚假的无意义不等于有意义。尽管无意义是有意义的虚假形式,或无意义是不真实的意义,但不真实的意义并不意味着虚假的无意义。本质上,虚假的无意义是指那些既没有真实的意义,又没有真实的无意义的东西,比如世界定式、非世界者。世界定式与非世界者的无意义性必须从有意义性的角度理解。相反,世界者虽然有意义,却必须从无意义性的角度理解。这种无意义性的理解方式本身则暗示出一种更深刻更真实的意义性。

有意义需要了解,无意义需要理解。

对无意义的理解不是要把无意义揭示为有意义,而是因为对无意义的理解本身就是有意义。这种因无意义而得以可能理解的有意义本身当然有别于原来那种较为单纯和空虚的有意义。

同样,对有意义的理解也不是为了从有意义中发现无意义的东西,或者将有意义揭示为无意义,而是为了使有意义更真实一些,更少一些虚假的成分;为了使有意义具有更多一点真理的内容,更少一点常识的特性。因为,较之无意义的非理性悖论,有意义似乎更像一种司空见惯的理性常识。理性常识就是常识理性。其本质在于,它常常迫使和诱使理性去满足于常识的简单愿望和肤浅需求。这种本质的不幸在于,它既使理性具有一种常识的功能,又使理性停留在一种常识的水准上。

这种情况下,尽管理性得到常识的推崇和宣扬,但理性本身丝毫也没能脱离常识的粗糙樊篱和超越常识的平庸界限。理性日益沦为常识的附庸。理性被常识利用,成为常识自鸣得意的工具。常识操纵理性,把理性当成玩偶任意摆弄。常识的目的就是利用理性这一手段来证明自己的永恒正确与绝对合理。

"第一性"是古典哲学的范畴,"优先性"是现代哲学的范畴。"第一性"与"优先性"都立足于本体,都构成一种本体论的规定。不同处在于,"第一性"主要从"时间性"着眼,"优先性"主要从"意义性"着眼。就是说,古典哲学问的是何者在时间上产生的最早,现代哲学问的是何者在意义上最具本源性。但这并非说"第一性"问题还有其意义。从现代哲学看,"第一性"依据的"时间"范畴本身就从属历史,历史即意义。所以,"时间性"必须据"意义性"得以规定。这样,"第一性"最终从属意义性。但意义性的"第一性"已不复是原初的时间性的"第一性",而是一种"优先性"。

优先性的内涵既不同于时间性的谁是第一性谁是第二性的先后关系,又不同于逻辑性的谁决定谁谁产生谁的因果结构。本质上,任何优先性只能在意义论的基础上得以真正确立。任何优先性都必须在意义学的前提下以意义本身为绝对根据来加以规定。所谓"优先性"只能是意义学的范畴。这种意义学眼光在于以意义本身为根本前提而来对"无"之于"有"的优先性加以本体论的把握。

所以,"无"优先于"有"只能是意义学的规定。抛弃意义学的立场,我们既不能理解何为"优先性",又不能理解"无""有"之谓何。因为意义本身既是纯粹的"无",又是纯粹的"有"。

所谓优先性,从意义论角度看,就是意义的本然性和本己性以及意义的可能性。

优先性有两义:一、可能性,二、意义性。即,A 优先 B 的意思是,A 可能先于 B,A 先于 B 的可能性较之 B 先于 A 的可能性更大,此其一;其二,A 比 B 更有意义,A 先于 B 较之 B 先于 A 更有意义。

优先性即意义性,所以,意义论是人的本体论,而不是世界的本体论。但对意义论来说,人的本体论恰恰是世界的本体论。

人的优先性本质上是一种意义论的优先性,而不是一种认识论的优先性和传统本体论的优先性。对人优先性的理解必须从意义论角度加以把握。人有意义,毋庸置疑;世界有意义,也不言而喻。问题是,人所有的意义与世界所有的意义恰恰是一种意义。人的意义就是世界的意义,同样,世界的意义也是人的意义。是可知,世界没有自己独立的意义。一切意义都是人的意义。世界本身——如果这个概念意味着它与人无关,不包含人的内涵和特性,那它必然——没有任何意义。

正是由于意义,人才成为世界者。因为世界由意义生成。而意义是人的本质和历史。这样,人就成为优先于世界的世界者。另一方面,世界者对世界的优先性同样可以理解为世界者对世界提供的可能性。因此,从世界者与世界的关系看,优先性是可能性的前提根据。具备了优先性,就同时具备了可能性。可能性不再是一种与现实性和必然性相对立的哲学范畴,而是一种与优先性相关联的意义学和世界学的范畴。

优先性主要指意义的优先性。本质上,意义优先性指的是一种本然的意义或本己的意义或本源的意义。这与他予的意义或异己的意义相对立。按照此种意义论眼光,所谓历史优先世界、优先时间,其内涵在于:历史意义是本然意义和本己意义,世界意义和时间意义则是他予意义和异己意义。

无意义包含两种形式,一种是本然和本己的无意义,一种是他予和异己的无意义。本然和本己的无意义是更为本源、内在、深刻、纯粹的无意义,这是一种真正的无意义和本质的无意义;他予和异己的无意义基本上是一些偶然和空虚的东西。但他予和异己的意义是否等于本然和本己的无意义?恐怕不能作这种简单直观的理解。因为,他予的和异己的意义在某程度上诚然可能是无意义的,但它本身不可能构成本然和本己的无意义。本然和本己的无意义只能到本然和本己的意义中寻找。就是说,本然和本己的无意义只能包含在本然和本己的意义里,而不可能蕴含在他予和异己的意义中。既如此,他予和异己的无意义只能存在于他予和异己的意义中。换言之,本然和本己的意义蕴含在本然和本己的无意义中,同时他予和异己的意义包含他予和异己的意义性。

石头和星空也许无意义,但这种无意义无疑属于非本然和非本己的无意义,它不是真正意义上的无意义。我们要揭示和把握的只是真正的无意义,而不是虚假的无意义。

"为"本身不是"什么"。"为"本身仅为自己。在这个意义上,"为什么"这个问题才有意义。但既然自己就是"什么",再提问"为什么"纯属多此一举。所以,如果问"为"是"什么"还有情可原,但要问"为什么"就显得无聊。"为"不为什么。"为"所为正是所"为"自己。自己就是"为",就是世界,就是所"为"之世界,即所"为"者之世界。所"为"者之世界即世界者-世界。世界者无疑是所"为"者。所"为"者亦为有"为"者。所"为"即是有"为"。人人皆想有"为",但人人均难以真正有"为"。只有有"为"才能"有"世界,只有有"为"才能"有"意义。有"为"是一种基本结构,是一种原始可能。

从意义学角度看,真正有意义的问题不在于"是什么"的"是",而在于"意味着什么"的"意味"。因为,问"世界是什么"毫无意义,相反,问"世界意味着什么"却有意义。

因为,"是什么"的"是"不包含一个必不可少的"问者",而"意味着什么"的"意味"则蕴含一个"问者"。"意味"总是相对于某个"问者""思者"的意味,任何事物总是相对于"问者""思者"才可能有所"意味",才可能真正"意味着什么"。所以,"世界意味着什么"的潜台词是,"世界"对作为"问"世界和"思"世界的世界者"意味着什么"。

基于此,可以说,"意味"是比"是"更高一级的思考和探问。

"是"即是"在","是"与"在"同在。不论问"是什么",或者问"什么"究竟"是什么",皆免不了要与存在打交道,皆摆脱不了迟早要归结于存在。因为,"是什么"本质上是一种存在论的问法,总是涉及存在并指向存在的意向结构。

"意味"则不然。所谓"意味"总是"意味着什么意义"。所以,"意味"始终与意义有关,总要呈现出一种意义。因此,"意味着什么"是一个意义论的问式。

一切东西都需要一个意义才能为人们接受和认可。

日常生活把意义曲解成意思。意思不言而喻地构成了一切文本、行为、言语中最引人注目的东西。"这句话(这本书)的意思是……""你的意思是……"当人们打开文本时,当人们采取行动时,当人们进行交谈时,"意思"就会情不自禁地油然而生。有关"意思"

的念头、捕捉与辨析"意思"的准备和意图就会不由自主地在人们脑海中急速活动起来,提醒和指示人们去迅速抓住每一个微妙的"意思"。

作为意义的综合形态,世界既可能有意义,也可能无意义,但无论如何,在有意义与无意义之间必择其一的情况与可能绝不存在。因为这种在意义的"有""无"之间进行的任何判断与选择本身都是一种对意义的曲解和不充分不完整的理解。这种理解事实上是企图将一种单向度的意义模式强加给意义本身和世界本身,以便使世界仅仅拥有一种非常单一和空洞的意义,以便使世界仅仅拥有一种有意义的意义或无意义的意义,而不是使世界同时拥有(成为)有意义的意义和无意义的意义这两者构成的须臾不可分割的意义整体。意义的向度在于它是多向的,世界的意义向度也是多向的。

探问(比追问、拷问、询问、提问等)更具有动作性、动态感、传神性、联想性、想象力。探问更多是用手去探索、摸索和把握,而不是用嘴去发问、质疑、诡辩。探问要求人们将自己的手(或许还可以借助某些必要工具)直接切入对象去亲身感知、触摸对象的特性和本质。可见,探问中,手的作用绝对大于嘴的作用,手是第一器官,嘴是第二器官;手是基本工具,嘴是辅助工具;手是主要手段,嘴是协同手段。手的结构和功能决定和制约着嘴的结构和功能。没有手就没有嘴。正因如此,动物虽有嘴但没有手,就不可能有任何思想;奴隶虽然不能使用嘴巴,但可以使用自己双手,这样,动手不动口的奴隶较之动口不动手的奴隶主来说,无疑更善于思考,更具有头脑。因为思想和智慧永远来源于手,来源于手的使用,来源于用手的人,来源于更聪明地使用自己手的动手者和用手者。谁动手,谁就是智者;谁用手,谁就是哲人。**手即是思**。"心之官则思"是俗见,手之官则思是真知。手的作用是思索。手的形状就像一把万能钥匙,可以开启任何心灵之门。

有意义既不"生"于无意义,无意义亦不"生"于有意义。二者都"生"于意义本身,并同归于意义本身。至于在"生"的过程中,究竟有意义先从意义本身"生"出来,还是无意义先从意义本身"生"出来,则是一个模棱两可、含糊不清的问题。最好先搁起来,存而不论。

意义而无意义,无意义而有意义,这是意义的生成(显现)过程。有意义而无意义,无意义而意义,这是意义的还原(复归)过程。

从意义学角度看,本体论与认识论往往不能统一。比如,真善美既在本体论上有意义又在认识论上有意义,而假恶丑仅仅在认识论上有意义却在本体论上无意义。相反,某些本体论上有意义的东西,认识论上很可能无意义,比如,日常、平庸、犹豫、胆怯、自利、恐惧、逃避等等,即是如此。

另一方面,介于有意义与无意义二者之间很可能存在一个非常广阔的中间地带或过渡地带。这种意义性的中间环节或意义中介就是一种中立的意义或中性的意义,即意义的中立形式和中性状态。所谓意义中立,意思是,既不是有意义,也不是无意义,而是一种难以用二者去对之加以确定性把握的东西。绝大多数情况下,这种中立意义往往是人们意识不到的意义,即,它不是无意义的意义,而是无意识的意义。

"在"之无意义常成为"思"之意义,就是说,无意义的"在"往往成为有意义的"思"。在意义学立场上,"在"与"思"一般相对立。同时,这种对立辩证构成了"思"与"在"的意义性统一。其深层内涵是,"在"的无意义性虽然是"思"的有意义性,反过来,有意义的"思"往往成为无意义的"在"。同时,更微妙但又重要的是,有意义的"在"未必成为有意义的"思",相反,有意义的"在"大都成为无意义的"思"。故而,有意义的"思"往往以无意义的"在"为对象而得以可能,无意义的"思"则常常基于有意义的"在"而得以可能。就其本质,"思"与"在"的关系就是意义的关系。意思是,在意义场或意义域内基于有意义与无意义二者所展开和交织成的多层多维多向的复合关系。正因为"在"有意义,"思"才成为无意义;同样,正因为"在"无意义,"思"才成为有意义。有意义的"在"产生无意义的"思"(无意义的"在"产生有意义的"思"),同时,有意义的"思"却产生无意义的"在"(无意义的"思"产生有意义的"在")。

面对同一棵大树,植物学家心里产生的反应同画家心里产生的反应截然不同。但这种不同反应的本质不在于此时此刻直接面对这棵大树而当下产生,而在于在看到这棵大树之前早已产生和形成。所以,这种不同反应的真正可能性完全是一种前反应的东西,即产生于反应之前的东西。它在反应之前产生并得以定型。世界学研究的世界活动即属于这种前反应的类型与范畴。

世界活动本质上是一个赋予世界以意义的总体过程。世界本身基于此意义而得以生成和可能。

解释学认为:一旦形成,即成过去。这完全不符合意义学原则。因为意义学认为按照历史的绝对规定,根本不可能有任何真正"形成"的东西。历史是意义。意义本身是纯粹的"流",是永恒的"动",它绝不可能"形成"任何一种东西。所以历史永远不包含某种既定的"形成性"。既如此,必然没有所谓"过去"。因为任何一种"过去",本质上都是一种纯粹时间性的规定。所谓"过去"只能在时间中发生,而与历史本身无关。尽管如此,任何一种时间性的"过去"形式却必须依据历史性来得以本真把握和确切理解。

无意义有两种基本形式,一种是相对的,即相对的无意义;一种是绝对的,即绝对的无意义。比如,说石头或星空无意义就是绝对无意义,因为它本身的确没有任何意义;说生活或世界无意义便是相对无意义,因为它本身正表明了另外一种与一般的有意义形式鲜明不同的意义。又如,游戏也属于相对的无意义范畴。游戏相对工作固然无意义,但游戏本身仍然有意义,即便游戏不能成为某种正式职业也是如此。

"意义的境遇"指的是历史。反之,"历史的境遇"指的是意义。

世界者浑身充满意义,这即是"道成肉身"之义。

有意义与无意义之间的界限不是一条可以直观的具有某种空间性质和特征的由点之集合或轨迹构成的"线",而是一种状态,一种活动,一种意义。即有意义与无意义之间的界限本身就是一种真实的意义。世界者带来了意义,同时也以自身(即"道成肉身")划分出了有意义与无意义之间的界限,从而凭借自身使有意义与无意义之间的界限成为一种意义。

世界者通体透明地充满意义。世界者脸上的每一个表情、每一种神态、每一个眼神都充满意义;世界者嘴里的每一句话、每一个字、每一种声音都包含意义;世界者身上的每一个符号、每一个标志、每一种装束、每一种服饰都具有意义;世界者的一举一动、一言一行无不暗示着意义。顾盼流转,沉默不语,自不待言。目不转睛,全神贯注,尤其如此。聚精会神,浑然忘我,更不例外。

意义学看见任何一个东西,都可以说"这是我的"。"我"不是"人",而是世界者。世界者对世界上的任何东西都有权利说"这是我的"。世界属于世界者。

意义学不关心这只杯子和那只杯子有何区别,而关心这只杯子与那只杯子有何不同意义。

现象学的态度是,它看一只杯子时,只把它看成一只杯子,它只是以杯子的眼光和意识去打量它,它只要求清除一切与杯子(或与这只杯子)无关的杂念,它禁止做任何与杯子(这只杯子)无关的思考。

这样，这只杯子在意识中就成为"杯子"，而杯子在意识中也成为"这只杯子"。于是，纯粹意识诞生了。

意义学的态度是，它看一只杯子时，总是把它看成"我"的杯子，或"我看到"的杯子，或与"我"有关的杯子。这样，这只杯子就与"我"有了联系。"我"不再考虑其他别的杯子。因而，（这只）杯子就有了意义。因为意义是"我"赋予的。"我"赋予意义，不是因为"我"在，或"我"思，而是因为"我""有"历史。即，历史→思想→存在。有史故我思，我思故我在。在这里，"有史"就是"我有历史"和"我有自己的历史"。

在现象学那里，意向性是一种**显意**功能；在意义学这里，意向性是一种**创意**功能。

房屋一定比洞穴离人更近，面包一定比麦子离人更近。近的比远的更有意义。不是因为近才更有意义，而是因为更有意义才近。

意义本身有三种形式：有意义、无意义、负意义。尤其负意义，是在有意义和无意义之外独立存在的意义领域。

负意义不是有意义或无意义的衍生形态，而是一个独立的**意义域**。即，意义域是三元，而不是两极。

打一个比方：负意义是负数，无意义是零数，有意义是正数。
所以，负意义的值越大，就越无价值（意义）。
无意义介于有意义与负意义之间。它有两种可能，但无意义本身不是独立的。
有意义诚然值得肯定，但负意义更值得研究，无意义更值得思考。

许多时候，人们不是把无意义当成有意义，而是把负意义当成有意义。

相对无意义,负意义更容易以假乱真地充当有意义。

与其说日常生活是无意义,不如更准确地说日常生活是负意义。

意义——两种可能性:魔线与魔钉。

或者意义好像是从事物内部源源不断地抽象出来的魔线,或者意义好像是钻进事物内部的魔钉。

如果意义从对象中提取出来,那对象并不因自身意义被"提走"而变得无意义,而是更有意义。因为这里存在一种独特而又深刻的意义惯性定律,即,对一事物所蕴含的意义提取得越多,该事物越有意义。这个意义惯性定律也可以叫作意义叠加定律或意义增值效应。反过来,如果意义是从外部注入某一对象中,该事物也不会因为它本身被由外及内地注入一种意义而改变自己原有的性质、状态、结构、功能。甚至,这种外部意义向该事物内部注入得越多,该事物的性质越明确、状态越均衡、结构越和谐、功能越发达。总之,该事物被注入进来的意义越多,该事物的方方面面越稳定。因为,任何事物都有接受意义的无限可能性。任何意义均可以毫无阻碍地注入某一事物内部,并成为该事物的内在组成部分,从而使该事物向更深层次、更加完善的状态演化和发展。这样,意义又成了事物存在的一种必不可少的动力和能量。不论有多少意义注入某事物内部,该事物均有足够的空间容纳意义。意义的世界没有极限,意义的道路没有终点。对世界者而言,唯一需要做的事情是,如何把握意义?

关于意义,我们不能从世界角度来研究世界如何从世界者那里获得意义,而只能从世界者角度来研究世界者如何给予世界以意义。因为意义总是本真起源于世界者自身内部的世界活动。尽管意义直接发源于世界者本身,但世界者自己却不是意义的真正根据。就是说,尽管世界者为世界创造了意义,但世界者本身却不是创造世界意义的真正动力。这个动力只能是蕴含在世界者本身内部的世界活动。虽然世界活动内含于世界者本身,但世界者本身不直接等于世界活动。毋宁说,世界活动是世界者之所以成为世界者的内在根据。某种意义上,世界者仿佛世界活动的替身。尽管世界活动就在世界者自身,但世界者仍然是替身而非真身。世界者作为世界活动的替身,其功能在于将世界活动的内在性显露出来、体现出来。于是,世界者成为拥有世界的自由意志。

意义的融合不是一个从二元到一元的单向度过程,而是一个从二元到多元的多向度过程。这样,意义具有的对事物和世界的无所不包的涵盖性功能就显现出来,以致我们常以为意义支配着一切。事实的确如此。就世界者而言,世界上确实舍意义而无其他。

意义学的思路是把概念、词语拆开,再重新组合,用一种最短的符号将之连接在一起。这便在意义上呈现为一种新的态势、意向和结构。它在凝固、静态的概念和词语中发现了一种能动的、活跃的东西。

一块无人涉足的土地,一旦进入人的眼帘,照样有意义。诚然,这种说法也有值得追究之处,这也可以说是一个"精心"或"无奈"的漏洞。因为,这块土地虽然没有人的足迹,但它既然进入人的眼帘,它就与人发生某种不可摆脱的关系。但意义之所以成为本真的可能,并不在于从这种关系中产生出来,好像成为这种关系规定的一个结果似的,而在于意义即是这种关系本身。所以,假关系是意义论的核心概念。

对无意义可以区分为本体论层面的无意义和认识论层面的无意义。从本体论层面看无意义的东西,从认识论层面看却可能是有意义的。反之,从认识论层面看是有意义的东西,从本体论层面看却很可能是无意义的。

如果意义不是"什么","什么"就无意义,那么,"什么"都是意义,意义又在哪里?意义岂不成为万有和大全之空虚?意义本身还有什么意义?其实,这种质问在于掩盖了这样一个更为基本的问题:所谓意义是"一切",岂不意味着意义就是所有这些"什么"或"一切"的共同根基吗?

用过的东西诚然有意义,但人恰恰通过**用着**而呈现出那用过。

意义的本质不在于它能被说出来,而在于能被看出来。

在有意义的地方,意义学可以发现一种新的意义;在无意义的地方,意义学可以领悟到另一种全然不同的意义。

意义学的特征在于它力求将一切问题都与人本身直接联系起来,它尽其可能地揭示出人与各种事物发生联系时必然具有的全部意义。

世界为什么变得空虚?因为缺少一种意义。但这句话的意思不是说,世界由于缺少意义,就会变成无意义。因为无意义本身也是一种意义。但世界本身缺乏的根本不是无意义这种意义,而是另外一种有意义的意义。一方面,缺少意义并不足以使世界成为无意义;另一方面,缺少无意义也不足以使世界成为有意义。世界既不是缺少有意义,又不是缺少无意义,那世界缺少的是什么意义?这正是世界本身缺乏的那种意义所在。这种意义本真地标明世界是一种意义的中立。不远不近,若即若离,逍遥自在,无拘无束。这正是世界之于意义的中立性本质。

世界是基于世界者之世界活动而得以构成的意义系统,故而唯有世界者能领悟世界意义。但世界者要想领悟世界意义,首先必须揭示世界的无意义性;要想揭示世界的无意义性,必须首先划分有意义与无意义二者之间的界限。

对于意义,人们习惯上用"发现""揭示""领悟""体验""理解""认识""寻找"等主动态的动词。这在字面上给人一种印象,即意义是一种客体、实体,或是一种包含有客观性和实在性的东西,起码意义本身具有的这种客观性和实在性附属于某种客体和实体。这样,词语本身暴露出其固有的隐蔽的矛盾性和局限性。因为这些词语只能表现出自身本来的意义,根本不能暗示出意义本身的意义。所以,意义本身的意义与词语本来的意义之间在词语的运用中构成了难分难解的对立和冲突。这种对立和冲突造成了意义本身的埋没和遮蔽,从而使得意义本身不可能在这些词语的使用中得以真实地显露和展示。问题在于,尽管这些词语不能用来"发现""揭示""领悟""体验""理解""认识""寻找"意义本身的意义,可我们又不可能完全撇开或脱离或抛弃这些词语去"发现""揭示""领悟""体验""理解""认识""寻找"意义本身的意义。事实上,我们只有首先克服词语本身的局限性和矛盾性,才可能通过有效地使用这些词语去真正"发现""揭示""领悟""体验""理解""认识""寻找"意义本身的意义。所谓词语的固有局限性和矛盾性是指词语本来的意义和意义本身的意义之间在使用词语中构成的悖论性和循环性。因为它常常使人们不是将意义本身误解为某种客观存在的实体和对象,就是将意义本身曲解为某种客观存在的实体和对象必然具有的一般属性和特征。原因在于,"发现""揭示""领悟""体验""理解""认识""寻找"等词语都是一些专门用于指称和标明使某些客观存在或实体对象发生某种变化或产生某种作用的主动态词语(概念)和效果性词语(概念)。

事实真假不等于意义有无。陈述一个真实事实的命题虽然是真实命题,却不一定是有意义的命题,比如"人会死"。相反,陈述一个虚假事实的命题虽然是虚假命题,却不一定是无意义的命题,比如"人不死"。

意义是可感的。一旦意义展现为意境,就成为可看的;意境再转化为意思,就成为可说的。

说出来的是意思,看到的是意境,感觉到的是意义。

一种新意义给人一种新眼光(新意境),并进而给人一种新思想(新意思)。

意义:A. 意味——艺术,B. 意识——理性,C. 意志——道德。

意义学的内向性原则不等于一般说的"内因"概念,它指的是世界者是一种独一无二的内在存在。就是说,世界活动之于世界者是内在的,世界者之于世界是内在的。内向性不与任何外向性对立,因为内向性是独立的,它根本没有外向性。内向性不以外向性存在而存在。外向性不是内向性存在的前提、条件等。内向性主要是从意义学角度说的,它暗示出世界者始终包含一种内向的欲望与冲动。世界者只有一双眼,但这双眼深不可测;世界者只有一双手,但这双手无坚不摧;世界者只有一双脚,但这双脚走遍天涯海角;世界者只有一颗心,但这颗心包罗万象。

凡此种种,均以内向的形式无声无息地展开、进行,从而显示出一种令人叹为观止、不可理喻的奇异效果。世界竟然成为方寸之间的游戏,竟然成为股掌之中的玩具。世界者常常为此感到惶惑和疑惧,不知应该为世界感到庆幸,还是应该为自己感到焦虑。世界者的无边法力足以使世界变成一张小小的地图和照片,世界者的神目慧眼足以使世界变成一本薄薄的书籍和目录。总之,世界变软了,变得越来越软,变得越来越具有弹性和可塑性。人们随心所欲地改变着世界的面目和形象,一时间,世界竟然变成了"千面人"和"千手千眼佛"。世界者愿意世界有多少种形象,世界就有多少种形象;世界者希望世界是一副什么面孔,世界就是一副什么面孔。**世界的模式就是世界者世界活动的方式**。因为这是一种意义论的内向性原理。

世界者世界活动的方向是指向自身。这是意义学内向性理论最基本的规定。世界者的世界活动是内向的,其含义在于,世界者的真正世界是世界者本身。

诚然,向内开掘与向外拓展,总是世界者世界活动的须臾不可分离的两个方面。就终极而言,外向性必须奠基于内向性。

在意义学眼光中,有意义的东西价值上低于无意义的东西。因为无意义较之有意义更接近意义本身。所以,无意义比有意义更有意义。

按照意义学的理解,尽管无意义比有意义更深刻、更本源,更具有优先性,但无意义仍是一种有意义的东西;同样,尽管假恶丑比真善美更深刻、更根本,更具有优先性,但虚假本身仍是一种真实的存在,丑本身仍具有一种美的意味,恶本身仍包含善的可能。所以,优先性、本源性、深刻性不意味着它是一种正相反对的东西,恰恰意味着**它是一种它所不是的东西**,即,它否定的东西。就是说,无意义以自身的优先性、本源性、深刻性否定了有意义,同时必然使得自身成为一种它予以否定的东西,换言之,它必然肯定了它所否定的东西。在这个意义上,有意义基于无意义的优先性、本源性、深刻性否定而成为一种更为优先、更为本源、更为深刻的东西。这种有意义本质上只能是纯粹的意义本身。这个思路,展示为无意义→有意义→意义的三阶逻辑。

世界者不是把握世界的意义,而是凭借意义去把握世界。按照意义学规定,意义不是世界者试图把握的对象,而是世界者赖以把握的根据。即,意义是世界者把握世界的方式,而不是世界者把握世界的目的。

一般说,意义有两个来源,即存在和语言。于是有了存在哲学的"存在之意义"和语言哲学的"语言之意义"。对意义施加的这两种压力和胁迫,在现代几乎同时出现。于是,意义被分割成两个不同领域的对立形式。对存在的意义是领悟,对语言的意义是分析。意义本身作为历史的总体结构,要求重建意义世界的世界活动。

胡塞尔的打括号是一种外括法,我的打括号是一种内括法。所谓外括法是把不需要理睬的东西括进去,所谓内括法是把需要观照的东西括进来。用外括法括进去的都是些废弃不用的东西,内括法括进来的则都是些最为有用的东西。对胡塞尔来说,外括法的括号里的东西永远不是他的分析对象;对我来说,内括法的括号里的东西却是我的分析对象。内括法也可以叫作"自足法"或"自足分析法"。因为我把自己分析的东西无一遗漏地括进括弧里了,而不是撇到括弧外面。这样,括号的意义在于:它能保障括弧里内容的完整性、纯粹性和透彻性。在括号的保护下,括号里的内容能以一种直接的、真实的、透明的、清晰的、整体的方式意义性地呈现出来。在此意义上,括弧本身是一个意义的界限。作为意义界限,括弧保证了括号里的内容是有意义的,同时它还保证了这种意义是完整的;进一步,它还保证了括号里的完整意义能以整体的、纯粹的、直接的方式呈现出来。所以,括号里的内容必然是自足的。整体性决定了自足性。这样,我们不必到括号以外寻找括号里的内容的来源、条件与根据。我们必须将括号里的东西理解为一个独立自足的有机整体。

比如,我们研究韩非子时,必须把韩非子括起来。这意味着,我们的目的不是分析韩非子的思想来源和时代背景,而是分析韩非子的思想本身。这样,不管韩非子继承了前人什么思想,吸收了他人多少思想,只要韩非子以肯定的方式从正面论述了前人这些思想、引证了他人这些思想,我们都必须将这些思想合理视为韩非子本人的思想。

发现真实的同时不等于发现了虚假。相反,发现虚假必须优先于发现真实。虚假与真实不是相互对应并互为关联的一体两用之物。正是这种本真特性,使得虚假本身在意义论上优先于真实。

卷　五

　　对一个事物来说,假如我们打算从它本身中领悟出或揭示出一种意义,那么,意义之于这种事物就是一种真正内在的东西。所谓内在,就是本质,就是目的。即,如果一个事物有意义,并且这种意义能为我们理解,那么,对这种事物来说,意义必然是其内在本质和绝对根据。

　　只要一种存在有意义,对这种存在而言,意义就是内在的东西。即使对于荒谬这种似乎距离意义最为遥远、与意义本身最不相干的东西也内在包含一种真正的意义。而且,意义之于荒谬更是一种纯粹内在的规定。因为意义与荒谬的差别比意义与其他东西的差别小得多。反过来说,荒谬与意义的关系较之荒谬与其他事物的关系近得多。可以说,荒谬比其他任何东西更接近意义本身,更有意义。某种意义上,荒谬不过是意义的别名。用一个比喻来说,荒谬就是意义(通行)的假护照,其真实面目却是意义。

　　说一种事物无意义究竟什么意思?不管人们说"无意义"时到底意味着什么,但都包含否定之义。然而,无意义又像一块巨大的磁石强有力地吸引着人们不由自主地接受它、认可它、欣赏它。无意义是这样一种东西,既使人们理性上拒斥它,又使人们感情上认同它。所以,无意义往往给人们造成一种悖论状态,既恨且爱,欲拒且恋,亦弃亦留,半推半就。

　　意义学把"计较"变成了意义的自由呈现。

　　"集解""正义"和"索隐"都是一种意义活动,它是世界者在世的基本活动范畴。

　　没有什么不可以赋予意义,也没有什么不可以视为无意义。
这似乎是意义自身内部的一个必然性悖论——意义悖论。

　　意义之意义不在于指向对象,而在于指向自身。因为意义本身即是对象。既然意义即对象,就可以将意义之意义理解为毫无指向。因为在某种意义上,当一个东西仅仅指向自身时,可以说它毫无所指;当一个东西以自身为对象时,可以说它没有任何对象。因为它指向的对象没有超出自身的一般规定。

从形式看,意义可分两种:显示的意义与暗示的意义。

从性质看,意义又分两种:可以言说的意义与只可意会的意义。

诚然,显示的意义也是可以言传的意义,所谓言传的意义就是可以显示的意义;同样,暗示的意义也是只能意会的意义,所谓意会的意义就是只能暗示的意义。

所以,本质上,意义不仅与语言有关,往往还与语言无关。一般来说,语言陈述出来的意义只属于有意义范畴。语言性的意义仅是意义本身的一个最直观的外显层次,语言的意义是可以显示的意义,是能言传的意义。相反,那些大量存在着的非语言性的意义则是意义本身的内在结构和最深层的本质。非语言性的意义是只能暗示的意义,是只可意会的意义。比如,生命的意义、历史的意义、人的意义、信仰的意义,这些最普遍、最深刻的意义形式显然不是任何一种完善的语言形式所能真实、准确反映出来的。

意义论是与历史本体论直接联系在一起并与之构成一个总体辩证结构的体系。因而意义论就是本体论,即意义本体论。其本质内涵在于:意义不仅是一种供人们说出来和能听懂的具有客观的可陈述性和可理解性的语言(句子、结构、逻辑),而首先是一种没有说出来和根本不能说出来的东西。所谓意义,在本体论的历史意义上,只能是一种意会出来的东西。意会就是暗示。**意义本身是一种意会活动**。凭借意会活动,意义得以可能暗示。因为,意义与历史的本体性统一,内在决定了意义必然是一种象征、暗示、体验、领悟、反思、内省、理解等。而所有这些,都是"做"而不是"说"。

任何语言都无法描述无意义。

无意义在大多数情况下都是非语言性的。说"生活无意义"或"今天真没劲"这类句子就不可能准确表达出它所说和它想说的真正意思。证据在于,人们对这类话语既不感兴趣也不理解,人们并不愿意思考这类话语内含的意义是什么。

　　世界活动是意义。世界者是有意义。世界定式和非世界者皆是无意义。世界本身则是中立,它既不是有意义,也不是无意义,更算不上意义。

　　尽管世界者不是无意义,却能体验和揭示无意义,同时,唯独有意义的世界者能真正发现并理解无意义。相反,尽管非世界者无意义,它却意识不到自身的无意义性。正因如此,它只能永远停留在一种纯粹的无意义性状态中而不得摆脱,永远不能获得任何真实的意义,永远不可能使自己真正有意义。

　　世界者由于能够领悟无意义,从而使自己得以避免遭受无意义的厄运。在这个意义上,世界者与非世界者的根本区别不在于前者有意义后者无意义,而在于前者能揭示无意义而后者无法意识到无意义。

　　对一个懂得并掌握了意义思维的人来说,问题只能这样提出而不能那样提出:说"世界不存在"并不能成为一个问题,相反,只有说"世界无意义"才可能成为一个问题。就是说,**问题永远与意义有关**。在舍弃并无视意义的情况下,根本无法有效地提出任何有价值的问题。

　　我说过,世界者有意义,非世界者无意义;我还说过,人的目的是从有意义中发现无意义,而不是从无意义中发现有意义。这决定了我们的思路必须从有意义的世界者身上揭示其无意义性,而不是从无意义的非世界者身上揭示其有意义性。就是说,我们思考的直接对象是世界者而不是非世界者。

世界之于意义是中立的。在此意义上,世界反倒可能成为有意义与无意义二者共同栖身之地。

意义的本质在于,即使我们什么话也不说,也能感觉到某种意义。可见,意义首先是一种可感觉的东西,其次才是一种可言说的东西。在意义学逻辑中,感觉与言说之间的前后次序不能随意颠倒。

意义本身是元意义。有意义和无意义是对象意义。元意义是一级意义,对象意义是二级意义。"世界无意义"是在对象意义的意义上说的,元意义则是用来揭示"世界无意义"这种对象意义时采取的描述方式。对对象意义来说,我们能提问意义究竟"给出"还是"取出"。但对元意义来说,我们却不能说意义"取出"还是"给出"。因为元意义是描述对象意义的方式,对象意义则是被元意义所描述的方式。这样,当元意义在描述对象意义时,我们仅仅注意到了对象意义,而不自觉地忽视和遗忘了描述对象意义的元意义本身。本质上,对象意义的可能性在于元意义本身。假如没有元意义的本源性和内在性,我们不可能发现和揭示有意义与无意义这两种最基本、最普遍的对象意义形式。"世界无意义"与"世界有意义"这两句话,在层次上相同,即都处于对象意义的层面上。在"世界无意义"或"世界有意义"这种语态中,世界是作为一种对象、一个客体、一种状态、一种境遇而被元意义所判断。事实上,对"世界无意义"和"世界有意义"这两句话中的任何一句,我们都可以基于元意义而对之作出两种截然相反的判断与理解。

比如,我们可能会说"世界无意义",那么,我们就会紧接着追问:所谓"世界无意义"这句话究竟是说我们已经无法从世界本身或世界之中"取出"意义,还是说我们自己已经无法"给出"世界一种意义?这是两种不同的思路。说我们无法从世界中"取出"意义,是说世界中已经没有任何意义可供我们"索取"。说我们无法"给出"世界意义,是说我们自己再也"拿不出来"任何意义可供世界享用。前一种思路是说世界没有意义,后一种思路是说我们自己没有意义。

这里的微妙差异在于,当我们试图对任何一种对象意义加以元意义性的判断时,切不可忽视隐含在这种判断深层的内在断裂。因为它使我们常常无意识地将对象意义态中的我们(主体)与对象(客体)毫无区别地混同起来。这种混同往往导致我们对对象意义的判断产生各种各样的模糊分歧,从而使问题无法得到真正明晰的澄清和透彻的理解。在这种情况下,我们往往抓不住真正的问题所在。这样,浅尝辄止、模棱两可便是从这种对象意义产生出来的唯一结局。可见,在对象意义的判断中,始终存在一种泾渭分明、皎然有别的主客体关系,我们必须弄清对对象意义的判断到底是想说明对象本身的无意义("取不出"意义),还是想说明我们自己的无意义("给不出"意义)。

意义无形而有象。我们虽然看不见意义却能感觉到意义。所谓无形而有象,就是太素与太阴的关系,即所谓"太素呈形"和"太阴呈象"。就是说,意义本身所"有"之"象"乃是"太阴显象"之"象",意义本身所"无"之"形"乃是"太素呈形"之"形"。换言之,元意义本质上永远处于一种"太阴呈象"之态势,而不是处于一种"太素呈形"之状态。对意义之"象"必须凭借感觉、直觉去洞察和把握,而不能通过观察、分析去记录和认识。

既然意义有象而无形,无论"取出的"意义还是"给出的"意义,都无法从外观上予以规范。如果说"世界有意义",至少从表面看,不管世界所"有"之意义究竟从中"取出"还是自己"给出",都没有使世界本身发生任何外在或内在的变化。如果说世界的意义是从世界之中"取出"的,可世界本身并没有因此减少丝毫;如果说世界之意义是人们"给出"的,那世界本身也没有因增添了某种意义而增加分毫。

所以,意义并不使事物外部改变什么。世界的意义也不使世界本身发生任何外在的变化。因为意义本身是绝对内在的东西,意义仅仅使存在发生本质的内在变化。世界的意义只能使世界本身从本质上产生最内在的变化。这种变化就是世界逐渐摆脱了一种习以为常的日常纠缠和司空见惯的定式束缚。只有这样,才能使世界本身恢复固有常态和原始本相。世界永远是生生不息的生命活动,这点只有在意义的生成中才能得以世界性的本真显现。

意义使得世界成为一种直观的对象。世界作为直观的对象也因意义本身而得以成为对象意义。对象意义又恰是对元意义的直观呈现。世界作为对世界者世界活动的显现,同时就是对元意义的显现。正是在此意义上,我们才有可能发问世界究竟有意义还是无意义。

世界本身既不因意义而增加一分,也不因意义而减少一毫。然而,世界本身却因意义而洋溢着生命的悲剧价值并变得富有永恒之魅力。

世界的魅力何在?一言蔽之,即在于凭借元意义而使自身时时刻刻命运般地横卧于有意义与无意义的两可之间的火山口上而坐立不安、心神不宁。似乎可以说,世界就是意义的战场。在这里,有意义与无意义分分秒秒都在进行着一场无始无终的拼杀和角斗。世界本身始终包含一种无意义的可能性,它暗示着世界本身并不永远都有意义。相反,无意义却像可怕而又烦恼的幽灵永远伴随着世界、追踪着世界,使世界永远不得安宁和平静,而始终处于一种惊恐不安的骚乱和动荡之中。为此,人们必须不停地追问世界到底有无意义。因为任何人都不可能无动于衷地忍受世界无意义之绝望境遇。忍受世界无意义意味着必须同时忍受生命的荒谬和无能。因为谁又能矢口否认世界的无意义不是由于我们没有能力"给出"意义而造成的呢?

之所以把人规定为世界者,在于强调世界者对世界的优先性。所谓优先性,本质在于意义性。意义性是一个纯粹本体论范畴。所以,世界者对世界的优先性是一种本体论的规定。本体论就是意义论,本体即是意义。

意义是本体而非实体,是真实的而非实际的。在意义学中,"实际"有其特定涵义。这涵义与"真实"不尽相同。所谓"实际",指的是一种日常情态,它诚然是"真",但过于"具体"。换言之,由于"实际"

过分拘泥"具相"而不具有某种超验的形上之内涵。故而,由于"实际"便不免身不由己地坠落于一种难以名状、不可自拔的"不空"的空虚。所谓"不空"之空虚是说它包裹着一层外在的"实际"形式。有时,这外在的"实际"形式可能也是有"内容"的,甚至这"内容"可能还相当丰富和深厚,但它毕竟寄托在一种外在的"实际"形式上而无真实之根基,这样,难免不会滑过本体而陷入不着边际的深渊。这深渊有时是"荒原",有时是"神曲";有时是天堂,有时是地狱;有时是滚滚红尘,有时是渺渺宇外。凡此种种,皆为非本己之他处。可谓"背井离乡"是也。它背弃自己,远离家园。表面看,无家可归之人皆以四海为家,以天地为家,但这种虚无飘渺的四海、天地距离真正本己之家还有十万八千里。总之,它不着边际,它总是着落于不着边际之处。但这种不着边际恰恰构成它"无边"的边际。它无法超脱这种更为内在的边际。这种"无边"的边际对它来说无疑是永远无法超越的恒定的界限,即命中注定的生死玄关。

从形而上的层面看,有意义和无意义都是真理;从形而下的层面看,只有有意义才是真理。

无意义不是从有意义"变"来的,有意义也不是从无意义"变"来的。所谓某种东西变得无意义了,某种意义变得荒谬了,某种意义变得虚无了等等,不意味着诸如此类的种种"无意义""荒谬""虚无"一定是从有意义"变"来的,一定是由原来的有意义"变化"而成的。本质上,有意义与无意义之间不存在任何一种"变化"关系。就是说,有意义"变"不成无意义,无意义也"变"不成有意义。**有意义与无意义之间,均不存在任何"变化"问题**。因为,有意义与无意义都是一个自足整体。这种整体包含结构和层次两方面的规定。

不把无意义的泡沫搅动起来,你怎么知道它是否无意义?难道这种搅动本身不是有意义的?就是说,发现无意义的过程肯定有意义。所以,为了发现更多的无意义,必须认定一切皆有意义。

卷　六

要想听懂一个人说的话,就必须和这个人说同样的语言。

人本身如此复杂,"人"字又如此简单。这表明语言和人的本质**相对立**,同时也表明**语言以一种相反的方式接近了人的本质**。语言固有的简化能力仿佛为人提供了一条理解人之复杂本质的通道。因而,语言的存在至少暗示着:人本身似乎可以理解。正是语言为人理解人本身奠定了不太确定的可能。人的复杂本质仿佛特别需要"人"这样一个极其简单的形式来得以悖论地显现。所以,人之谜既不在于人本身,也不在于"人"字,而在于最复杂的人本身与最简单的"人"字之间构成的那种尚未被人充分意识到的全部(历史－现实本体总过程之)关系。

人不是通过说话来思考,而是通过思考来说话。

语言说不清自己。语言的说就是做。

当语言指向一个行动,并直接导致一个具体的可见的结果时,它是明确的、无歧义的。否则,这个行动就不可能进行,这个结果就不可能产生。反之,当语言叙述一件事情,或说明一个问题,或描述一种现象时,虽然它也可能隐含着要产生一个结果。但如果这个结果不是由行动产生出来,而是一种语义性的、思维性的,这种语言一定会产生种种含糊不清的歧义、彼此冲突的解释、永远无法确定的结论。总之,无穷无尽的争论和分歧会源源不断地产生出来,而永远不会有最终结束和达成一致的那一天。

围棋中的每个棋子都是平等的。象棋中的每个棋子则具有严格的等级性。在这方面,中国象棋比国际象棋更有过之而无不及。尽管如此,象棋中也没有任何一个棋子绝对不能动。如果哪一种棋中果真有这么一个谁都不能动一下的棋子,这种棋根本没法下。就是说,它不是一种诚心想让人去下的棋。借用此喻,我们发现,如果某种语言和思维中存在一种绝对不能碰的东西,那这种语言就没法说,这种思想就没法用。即,它是一种禁止人言说的话语,是一种禁止人思考的思想。

做出来的是"事",说出来的是"事实"。即,我们只能做"事",而不该说"事"。因为说"事"即为制造"事实"。这意味着,"事实"不是独立存在的东西。"事实"与语言有关。这不光因为"事实"本身先天包含语言,而且更因为如果不使用语言,我们根本无从揭示"事实"。

语言的本质是抒情,而不是叙事。一般而言,语言的表意性大于指事性。那些表面上似乎叙事的话语实际上也是在抒情。至少绝大多数时候,叙事话语中的抒情成分多于叙事成分。

不管人们说什么话,你只要问他一句"为什么这么说",你就会彻底明白一切话语都是为了抒情。

诗人不发明语言,但创造语言。

克里特人的"说谎者悖论"。如果他说的是真的,他就是一个说谎者,所以他说的是假的。如果他说的是假的,他正好符合他所说的,所以他说的是真的。
在这里,如果换一个角度,即说这句话的不是一个克里特人而是别的什么人,是否还会产生这个悖论?显然不会。它只能产生一些分歧：要么同意，要么不同意，要么同意部分（或大部分或小部分）。就是说，悖论不是真正产生于这句话，而是产生于说话者的身份。可见，身份才是问题根本所在。这样，似乎可以得出一个结论：许多问题的争论源于语言的歧义，语言的歧义源于身份的错位。我将它称之为"身份语言学"原理。

意思是，（一）每句话都和说话者的身份有关；（二）不同身份的人讲不同的话，用不同的词；（三）同样一句话从不同身份的人嘴里说出来，含义和效果大不相同；（四）对话语的理解和接受以身份设置为前提；（五）对话语含义的准确理解主要不在于对上下文的语境辨析，而在于对说话人身份的仔细甄别；（六）身份差异越大，话语的歧义越大，意义的误解越深；（七）换位思考虽能在某种程度上消除隔膜，但其作用相当有限。因为换位思考不可能事事处处都如此，否则它将使人完全失去自我，而不复有任何有意义的换位思考。所以身份对说话的制约仍是决定性的。因为一个人总有自己的不同利益和特殊考虑。如果一个人不想完全失去自我，他就不可能做到无条件的换位思考。因为那样等于他从未有过真正的思考。换位思考的极端是思考的消失。归根结底，说话必须从属于身份。身份语言学是对人性、语言、权力、社会关系的一种综合分析。所谓"说话权"不是一个独立的东西，本质上，它只是对身份的一种习惯性延伸，是身份制约语言的一种具体表现。

你看见了它，却没有把它看作自己需要看到的东西。这些东西恰恰限定着你能看见其他东西，以及你看见其他东西的方式。那么，这些东西就是匿名存在。匿名存在不是隐身存在。因为它能被直观，只是人们对它视而不见。既然视而不见，就不会对它命名。故而，它成为匿名存在。

两种语言崇拜论：一是语言反映世界或表现生活，一是语言建构自己的系统或创造自己的世界。前者强调了语言的被动性和依附性,后者突出了语言的主动性和独立性。但二者均属语言崇拜论或语言决定论。前者虽呈被动之态,却明确表示唯有凭借语言,人才能有效反映世界和正确表现生活。后者干脆声称自己与世界和事物无关,是一个纯粹和自足的体系。

既然语言可以指称一种不存在的东西,那思想也可以思考不存在的东西。

问题是,语言为什么要指称一种不存在的东西?思想为什么要思考一种不存在的东西?

我们透过语言看世界。所以,语言不是说,而是看;语言不是说出来的,而是看出来的。语言不能说清,却能看清。

语言哲学家说了那么多,可我不知道世界上究竟有谁真会那么说话。哲学家总是给常人制造笑料。

动词是一个语言学概念,但不能从语言学角度理解。这是我对动词作的本质规定。这也是我使用"动词"这个概念的基本用法。

语言不是命名事物,而是创造事物。所以,语言必然是动词。语言把沉睡的东西唤醒,将缺席的东西召唤到场,使濒危的东西恢复生机。

当一个人告诉你"我在看书"时,他不仅用语言向你说出了这一事实,也用语言完成了这一行为,最后还凭借语言从事着这一活动,并使语言直接加入了这一过程。所以,当他说出"我在看书"这句话时,他事实上已经向你展示了他目前存在的一切状态。这样,语言直接切入存在。但这不意味着语言已成为存在的一部分,而是意味着语言已成为存在本身。因为存在本身不可能在语言之外得以存在。所以,语言绝不仅是存在的显现形式,而且是存在的存在形式。因为存在总在显现着自己,这正像语言总在言说着自己一样。

"仁者,人也。"这是对仁的定义,而不是对人的定义;同时,它又是从仁出发去对人的规定,而不是以人为起点去对仁的规定。这种定义方式本质上是一种逆定义,而不是一种正定义。

逆定义的实质是将人理解为对象角色,而不是将人理解为元角色。对象角色的意思是指一种被定义的角色,元角色的意思是指一种去定义的角色。这两个基本概念源于语言哲学中的"元语言"与"对象语言"以及社会学中的"角色"这三个概念。

我之所以不用"主体角色"和"客体角色"表述我的观点,主要因为这两个概念能相互定义。一般情况下,相互定义往往导致一种循环论证。

维特根斯坦看到了命题与事实之间的区别,却没有更深刻地看出命题与现实之间的根本区别。

实际上,维特根斯坦正好把东西看反了,也就是把逻辑弄倒了。因为,命题与事实之间并非没有区别,但二者区别却不像他说的那么大。这是因为维特根斯坦把事实直接当成了现实和世界。于是,与生活和世界直接等同的事实成为区别命题的另一种东西,而命题本身既不是事实,也不是现实,仅仅是事实或现实世界的一种思想形式和逻辑结构。

与维特根斯坦不同,我把命题与事实联系在一起予以统一考虑,而把事实与现实生活之间作出明确区别。换言之,我把事实与命题的逻辑统一性建立在事实与现实生活相区别的基础上,并以此把握历史。

维特根斯坦的意思是,命题与世界(即事实)逻辑上是统一的。换言之,命题与世界(事实)具有共同的逻辑形式。这样,"命题可以描述整个世界"。但命题对世界的这种描述因奠基于命题与世界之间的统一逻辑形式而使它本身必然是同语反复,即重言式的。就是说,命题对世界的任何描述都是重言式的,描述世界的任何命题都是重言命题。

重言命题是命题的本质,也是命题本身。因为命题的重言结构和本质使命题与其描述对象的世界之间具有一致性的逻辑形式。简言之,命题与世界(事实)之间的共同逻辑形式既使命题得以可能对世界(事实)进行描述,又使命题对世界的这种描述在本质和结构上必然成为重言式的。

无聊的想法首先是用语言讲出来的,那是否使语言变得更加无聊?

当一个词具有多重含义时,这是语言的局限;当一个词只能表达一个意思时,这是思维的局限。

究竟何者更好一些?

或许,语言局限和思维局限对人来说,只意味着同一个事实:人自身的局限。

先有了思维的局限性(一词一义),后又有了语言的局限性(一词多义)。这说明,语言有一种自行增义的功能。这样,语言凭借此功能就用语言的局限性代替了思维的局限性。故而,语言的局限性较之思维的局限性成为一种进步。只是,人类至今还在为这种进步所累所苦所扰。对这种现象也可以作出另外一种解释,人类为了克服原始的思维局限性而创造和发展出了语言局限性,即把不同的新含义无限叠加在有限的词汇上面。这样,形式上,语言本身好像具有了一种自行增义的神奇功能似的。

语言是物,但在说的时候已不是物;思想是物,但在思的时候已不是物。

人类说"我们杀死上帝"。这句话既毁灭了上帝,又创造了上帝。不是别的,正是这句话才使上帝得以可能。上帝存在语言之中。语言是对上帝的显现。

任何语言都有其对应物。语言对应物又分为事实的语言对应物和想象的语言对应物或实指的语言对应物和虚拟的语言对应物。比如"金山""上帝""魔鬼""天使""天堂""地狱"等均为虚拟的语言对应物。所以,罗素说"金山"仅是一个词而没有一个与该词对应的实体不完全正确。事实上,"金山"也有其对应物。不过,这个对应物却不是一座实际存在的金山或一个类似于金山的东西,而是一种想象的语言对应物。是可知,"金山""上帝""魔鬼""天使"等均不单纯是一个词,它也有自己的对应物。就是说,也有"金山""上帝""魔鬼""天使"。换言之,"上帝"既是一个词,也是一个上帝。这个对应物在于人们普遍的精神结构。

语言创造差别。

当你认真倾听一种语言时,就会发现这种语言有一种神秘意义。

我们很难说自己听懂了康德说的话,但我们又很难说自己没有听懂一只狗的叫声。

这不是人与狗的不同,而是语言与声音的区别。

会发声的东西很多,会说话的东西很少。但我们常常不知不觉地迷惑于杂乱无章的声音,而忘记了需要去辨别井然有序的语言。

物自体本身不是"物",不是实体。物自体毋宁说是"无自体"。因为物自体根本是一个"无"。物自体不是别的,恰是理性本身,恰是语言本身。

可能性本身有无可能?

可能性是直觉性概念,而不是描述性概念。我们只能直觉到可能性,而不能描述出可能性。可能性似乎超出了语言范畴。

石头是语言。如果石头不是语言,石头不可能成为人的世界的内在组成要素。人的世界不可能有任何非语言的东西。

说通过所说来证明自己能说什么。

之所以要想象,在于要揭示或暗示某种意义。这样,语言就产生了。

"金山""飞马"之所以能说出来变成一个词语,就因为它们具有某种意义。就是说,**只要有意义,一定能说出来**。

没有意义,语言纯属多余。语言不光为了表达某种意义,干脆是从意义本身产生出来的。

以前,意义围绕语言转;现在,语言围绕意义转。

意义从语言的附庸变成了语言的主宰。

我的语言观(也就是我的世界观)是,语言不是一种世界定式,而是一种世界活动。作为世界活动,语言不但成为世界的本质,也成为世界者的本质。因而,语言就是使世界和世界者得以可能的东西。世界者认识自身的本质,就是认识语言。不仅如此,同时,世界者以自身本质为依据去认识自身之本质,就是以语言为依据去认识语言。这样,世界者在对自身本质的认识中,永远摆脱不了一种令人苦恼的循环,即语言的循环。

这种语言的循环是内在地规定世界者之本质的超验性循环。语言的循环证明了语言之外没有语言的对象,语言就是语言的对象。语言不指向语言之外的非语言的事实或事物。语言仅仅指向语言自身。语言的意义不在于它指称的事实或事物,而在于它暗示出来的使语言成为可能的那种东西,即原始的意义本身。

语言的本质在于一种意义,而不在于一种指称。这种意义就是语言本身。基于意义,产生了语言;语言之意义又指向意义本身。这就是语言之循环的基本过程。

还可以换一种说法：语言从意义出发，显发出意义，进而又指向原始的意义本身。

在这种语言的循环网络中，语言实际成为一种具体的中介，即意义的中介。

语言的循环说明了语言作为意义的中介永远都是围绕意义旋转的。

人为什么会有语言？人为什么会讲出这句话？人为什么能说出这个词（比如"金山""飞马"）？

这种可能性何在？能否说这种可能性就是想象？

语言是想象，所以人们想象出了"金山"和"飞马"。

可见语言的基础不是数学而是文学。最严格的语言形式不是数学语言而是文学语言。语言与文学是一回事。不是文学是语言，而是语言是文学。

语言－文学既使语言有一种超越存在的功能，又使文学有一种超越现实的功能。

创造语言就是超越存在，创造文学就是超越现实。

语言没有独立的结构，语言的结构只是意义的结构；语言也没有自足的意义，语言的意义只是历史的意义。历史的意义即意义的意义。这并非无谓的同义反复，而是**有意义的自由表述**。

一种东西可说与否关键在于它本身是否具有言说的能力。世界者可说，因为世界者具有言说的能力。正因为世界者自己能说，世界者才可说。

所谓可说，是说，一种东西能对自己有所说，能在言说中把自己的意义揭示出来。所谓不可说，含义是，一种东西不能对自己有任何形式的言说，它始终孤立于语言之外。

语言是一种隐私，属于隐私范畴。所以，语言往往掩蔽着真实同时又释放出虚假。语言像潘多拉的魔盒,一旦打开会立刻飞出无数谎言,而真话反倒依然如故地沉淀在里面——盒子的底层。其实,语言本身无所谓真假。应该说,语言恰似矗立在虚假和真实之间的一道墙。它本身具有两面性。

然而,语言作为说,它本身却是一种隐私。然而,话说得越少越可信,越多越失真,不说则最真实。因为语言的真实与说话的范围有着本质的直接关系。说话的范围越大,话就越不真实。可见,试图通过语言获得真实并不靠谱。

对"说"的意义性分析。

比如,我在房间里和一个人谈话,无论谁(他还是我),都是从房间外面走进房间的。因此,谈话的内容并不是在房间里才开始产生的,而是在进入房间之前已经决定了的。从意义学观点看,进入房间之后所说的一切以及这种谈话(包括说话者的各种姿态、表情、音调等诸多复杂微妙的生理和心理因素)与房间里由各种摆设构成的总体环境之间的关系,都是一种世界定式,即非世界者、史前物。在这里,世界定式、非世界者、史前物,三者是一个意思。尽管在房间的世界定式中,正在进行着的谈话是一种世界活动,但它不是由房间本身产生的,也不是在房间的世界定式中决定下来的。尽管谈的每一句话、每一项内容不都是事先设计好的和考虑到的,但这种谈话的基本主题和整个过程却是在进入房间之前已经确定下来的。这个"之前"不是一个时间概念,它的意思不是指进入房间"之前"的某一分钟、某一时刻(确定下了谈话内容),或是在进入房间"之前"的任何一个时间(确定下了谈话的主题),再不或是在进入房间"之前"的所有时间(确定下了谈话的程序)。它是一个历史范畴,"之前"指的是进入房间进行谈话"之前"所从事的并把这间将要可能用来谈话的房屋本身包括在内的全部世界活动。这种统摄一切的世界活动是一个意义的总体,它内在规定了进入房间后进行的这种谈话本身的世界活动的基本形式和特征。

尼采的井盖

"说话"不是一个单义词,而是一个复合词。从语法修辞角度看,"说"是动词,"话"是名词。从意义学角度看,"说"属于世界活动,"话"属于世界定式(如"话本""话题""话头""话语"等),二者不是同一层次、同一范畴的东西。因而,就这一立场分析,我们有理由认定,有"说"才有"话"。"说话"的含义是"说"出"话"来。其实"话说"一词的本义也是如此。"话说"是"话"被"说出来",把"话"给"说出来"。

言外之意并不真的在言语之外,相反,它恰恰在言语之内。言外之意的真实意思不是说言语没有把自身之外的某种意义说到,而是说言语没有将自身之内的某种意义说出来。本质上,言外之意是暗示,所以它需要领悟。对于言外之意,只能凭借暗示才能把它"说"出来;同样,也只有凭借领悟才能把它"听"出来。某种程度上,言外之意可能不在于怎样"说",而在于如何"听"。"听"较之"说",对言外之意来说,乃是更为关键和本真的活动。

语言的意义总是在一种充分可能性的前提下或环境中才能被理解,才能引起人们的正确反应。否则,平白无故地突然大喊"地震了",可以肯定,不会有人对这句话在意,顶多引起人们的惊异和混乱;反之,倘若人们已被预先告知可能要地震(这种可能性或来自广播、电视、报纸等新闻媒介的提前警示,或来自不久前刚刚发生过一场强烈地震的自然警告,总之,人们在心理上对地震的再次发生早已有了充分准备),在这种情况下,人们忽然听到有人喊"地震了",肯定会迅速作出反应。

在语境中,仅有一般可能性根本不够。比如,地震在任何时候任何地点都可能发生,但人们不会由于突然听到一声"地震了"而为之意外和惊慌失措,因为人们此前并没有从任何一个方面获得有关可能地震的可靠征兆和充分信息。所以,语言的意义必须建立在一种充分可能性的基础上。

又如,如果有人说"皇上死了",可以断言,这句话不会对人们产生任何影响。因为人们都知道,现在没有皇帝。就是说,这句话不是在充分可能性的语境中说出来的。反之,如果在古代,同样一句话,必然会对人们的言行举止、日常生活产生莫大影响。因为这句话是在一种充分可能性的语境中说出来的,它必然会和这种充分可能性的语境产生强烈共鸣,从而引起人们的极大震动。

说话就是做事,而不是为了做事。但人们常常为了说话(或只顾说话)而忘记做事(或不去做事)。这样,语言就成为行动的限制。为此之故,人们愿意说语言是世界的界限。

沉默不需要语言证明。但有时,沉默恰恰需要语言证明。因为,不说话不等于沉默。不说话可能由于无知或知之甚少之故,而真正的沉默总是因为知道的太多。

沉默和说话都不仅仅是语言的,也是行动的。

语言好比一盆清水。哲学家试图通过把手洗干净的方式来澄清语言。这却永远办不到。这个比喻可以适用于许多最基本的事物。

完全消除语言的歧义,等于使语言无意义。彻底消除思想的歧义,等于使思想无意义。现在,**装修性哲学**正在做这种事情。

如果事实是语言,那世界就不是事实的总和,而是语言的总和,即可以用语言描述和指称的语言的总和。

语言是可以说出的世界,世界是有待说出的语言。

悖论不是事情出了问题,而是语言出了问题。其本质是挑战语言。

悖论是言说之语使得自身之行成为两难,而非两可。

悖论意味着自己所说不能用于自身。即是说，**言与身无法统一**。

悖论都是指向言者自身。作为语言游戏，它不是怎么说都行，而是怎么说都不行。

悖论意味着自己的言说出了问题。它必须中止，断裂，搁置。总之，不能无动于衷地继续。

卷　　七

带引号的"世界"有其特定含义：它是世界者世界活动的形式化。

世界在成为世界时，它与世界者的关系是，世界被世界者打上引号，从而使之成为可理解的形式。但世界者不只是在理解世界，他还是在完成世界。没有世界者，世界是不完整的，是有缺陷的。有了世界者，世界才变成一个整体，世界才变得完整起来。所以，世界者是世界的另一半。

"世界者"概念表明，人与世界的关系是一个不分彼此的意义性的本体论关系。"世界者"是一个整体，它把世界包含在自身。这并非说，世界者就是世界。而是说，**世界者成全世界**，世界者呈现世界。被世界者呈现的世界就是带引号的"世界"。

打引号的"世界"不等于打折扣的世界，似乎"世界"不再是完整的，不再有意义，或至少是贬值的或降价的。

说人是世界者，不是因为在人之前或人之外存在一个世界，也不是因为人本身是一个世界，而是因为人给出一个世界。人给世界打上一个引号，使之变成人的所有之物，使世界变得可以把握起来。

只有把"世界"打上引号，我们才能从容不迫地谈论它。不带引号的"世界"，我们是无法谈论的。

世界之于世界者,既不是经验性的(对象),也不是想象性的(对象),而是创造性的(对象)。这是否说,世界者创造了世界？只能说没有不打引号的世界。所以,创造就是打上引号。

现象学的括号把"外部世界"扔出去,世界学的引号则把世界拉进来。

哲学、世界观、科学、经验、常识所意谓的世界经过世界学的解构,就变成了"世界"。这个"世界"之所以带引号,那个世界之所以不带引号,不意味着一个"真",一个"假"。引号本身不具有如此功能,引号不能区分什么是真什么是假。引号仅仅提供一种暗示、线索和界限。

使用"世界"一词时,已把"世界"打上了引号。就是说,这个带引号的"世界"属于世界者。因为只有世界者有能力给世界打上引号。打上引号,世界在形式上变得有限了,同时,在内涵上则变得无限了。

世界是带引号的。引号就是意义。即,世界只能被意义地理解。不管这种理解的结果有意义还是无意义,都不能否定理解的前提以及这种理解本身必然属于意义。因为意义在开辟世界时,已经为世界保留了一块无意义的地盘。

世界者的目的是创造出一个完全属于自己的世界。这个世界是一个单引号的世界。双引号的世界是世界定式。

世界者让世界成为世界。因为唯有世界者能给世界打上引号。这并非说,在世界者给世界打上引号之前,世界上仿佛还存在一个先行存在、事先就有的世界。不是这样。世界上从未有过这样一个不为世界者首先加以认可的世界。这个世界只能在引号里面,只能在世界者打上引号之后才出现。但引号也不是世界者事先划定的。它是半个,待世界者将世界填充进去,才能构成一个完整的引号。即,

卷　七

世界只是半个引号。

　　用历史解构世界,这样,被历史解构的世界就是一种历史世界。历史的世界是打上引号的世界。打上引号的世界不意味着一种有限的世界,而是一种有意义的世界。所以,世界的意义全在于其历史性。这个历史性又是以一种引号的形式显示出来。换言之,为世界提供意义的历史性恰恰显示为一种引号的形式。这样,引号就成为历史的代号和密码。

　　从哲学角度看,引号的本质在于提示人们从另外一个角度理解引号所引括的东西。另外一个角度不完全是反面的角度,它可以有各种各样的角度。引号里的东西是以直接形式标示出来的,但其真实含义并非一目了然、毫无遮掩,相反,它往往扑朔迷离、飘忽不定。这样,引号的作用在于提供了一种可能。

　　引号里标示出来的是什么,引号暗示的就不是什么。通过引号,人们感觉到一种暗示的力量,接受到一种提示的信息。引号将人们的思维与一种不易捉摸的深刻可能性直接连接起来,使人们的理解超越单纯直观的字面含义和复杂曲折的文本意蕴,而触及到一种更为深广的历史结构和意义模式。引号使一切变得可能起来,使一切变得不稳定,使一切变得多变和易变。引号摒弃简单和直观,而倾向于接纳复杂和深刻。引号的意义总是复杂的和深刻的。因为它包含某种暂时或永远不能为人们完全把握的终极意义。引号提供思考,开辟思路,使人们一步步地逐渐深入到引号的迷宫内部去寻找那些被非引号掩盖起来的更为本质和直接的出路。

　　对寻求意义之路的世界者来说,引号永远是世界上一条难得的捷径。捷径不是坏事,只要它通向目的地和归宿。在许多难以言表的情况下,引号都能准确无误地起到一种地图和向导的作用。引号是世界的地图,是意义的向导。引号是一种按精确比例缩小的世界地图,是一个忠于职守的意义向导。正像世界上任何的事物都可加上引号一样,可能性在世界上任何地方都会发生。引号总是提供、提示、提醒一种可能性的真实存在。同样,人本身也能被打上引号。一旦人被打上引号,人的含义就会立刻发生变化。人不再是人,人成了另外一种不是引号所引的东西。人需要从引号"之外"的含义来理解引号"之中"的人。引号使引号中的人变得异乎寻常的陌生、疏远、隔膜、冰冷、怪异、荒诞。人被引号所异化。引号不是人的异化符号,而是异化人的符号。引号使人彻底脱离了人本真的原始规定,而与人变得素昧平生、漠不相关、互不认识。引号把人隔离起来。引号是人的监狱和囚室。人成了引号的囚犯和刑徒。引号剥夺了人的自由,取消了人的可能性,使人不能从可能性中理解自己,使人不能凭借可能性发展自己,使人不能通过可能性发现自己的绝对本质。

引号中的人是这样一种人,即"人"。"人"当然很难说是人。人的全部可能性被引号取消之后,人必须从引号之外理解"人"。这样,引号之外的人与引号之内的"人"直接对立起来,成为两种完全不同的"人"。这种对立正是引号制造出来的。可见,引号是一种制造对立的力量,是一种构成对立的能力,是一种分裂的可能,是一种使矛盾得以产生、延续和转化的可能性机制和界限。矛盾的界限通过引号而表现得淋漓尽致。意义的悖论在引号中成为真相大白的语言游戏和语法结构以及构词活动。引号把人引入其中,人就变得难以理解了,人就变得不同寻常了。人就多了一种存在的可能,人就多了一层历史的意义。人的存在可能与历史意义在引号中向人的理解者即作为人本身的世界者全面开放。人于是得以直接进入人本身,人于是得以可能真正进入人的世界内部,人于是得以可能在人的世界中真正成为既"为"自己也"为"世界的世界者。既"为"自己也"为"世界的"世界"与世界者是同一个结构,它是世界者的"世界"。人被打上引号即带引号的人("人")由此具备了理解"世界"(即自身世界)的意义可能性。

引号把人圈定起来,搁置在一个由它事先任意画好的狭小框框里。同时,就像"圈地运动"把人从自己的家园中驱赶出来一样,引号则把人类暗示性地引向荒蛮之地,使人永远无法返回自己的精神家园。

引号是最抽象的符号,是最具形而上意味的符号,是含义最丰富的符号。引号把某种东西引括起来,也就把某种东西呈现出来。它暗示人们从各个不同的角度和方向去理解和思考。所以,引号是一种最适合也最便于"思"的符号。它把无数多的可能性凝聚和浓缩在小小的方寸之间,供人判断和选择。

引号是所有标点符号中最特殊的一种符号,甚至可以说引号几乎就是标点符号的本质。引号一般表明了引者对被引者的一种态度、倾向、看法、评价、判断等。它是一种意向、是一种标准、是一种价值。其基本功能是,对所引事物的一种含蓄的间接的否定,即,引者以一种含蓄的方式表示他根本不承认自己所引事实和所引名称。当然,引号同时也是一种暗示。它暗示人们引号内的事实和名称并非是其所说的样子。就是说,引号主要暗示人们引号内的事实不是客观事实,而是一种与之完全相反的东西;至于引号内的名词也是名实不符,至少不具有合法性。

引号的意义在于使所引的话语具有另外一种意思、显出另外一种含义。这样,引号是对话语蕴含的多向度多层面意向的意义之揭示。引号力图使话语的任何一种意义都变得可以理解和把握。话语的无穷含义在引号的驱使下不绝如缕地层层展出。在层峦叠嶂的话语丛林中,扑朔迷离的意义之路若隐若现时断时续,令人茫然四顾难辨东西。于是,引号被派上了非凡的用场。它既像行人随身携带的指南针,又像凝然不动的路标;既像随时铺开的地图,又像难以舒卷的满天星斗。总之,它在不同场合呈现出不同意义,它对不同对象施展不同功能,它对不同话语指示出不同意向。一句话,引号使它所引用者成为意义学上的充分之可能。任何一种话语都可能成为它的掌中之物,成为它的俘虏,成为它的囚徒,成为它抚摸和戏弄的对象。有时一种话语被它引出了另外一种与原意截然相反的意思,有时一种话语被它引出了与原意相近或相仿但更富情趣的意思,有时一句普通的话语被它引出了不平常的含义,有时一句费解的话语被它引出了一种通俗的含义。在引号的搅动下,话语变成了一个高深莫测的意义世界。任何话语都有可能,任何话语都有意义,任何意义都有本源、都有来历。任何意义都很实在,任何话语又都很飘渺。作为在张力中无限张开的两翼,正是引号像万有引力一样把它们富有弹性地连接起来、聚合起来、收拢起来,使其收发自如,随时都可伺机而动,待命而飞。因此,话语之为话语正是在引号中才是现实的,才有意义,才可理解。比比皆是的引号把单纯的话语变化成了复杂的八卦阵,种种深奥和玄妙纷纷出场和露面,人们一旦步入其中便永难脱身。各种脱离常规、常态、常情、常理的意义像无穷之水像永恒之光从引号的话语中源源不断绵绵不绝地流淌出来、放射出来,普照着苍白的心灵和迟钝的感官。一切反应都是本能。一切思维都是抽象。一切情感都有待解释。一切命题都有待规定。话语作为引号的引用对象或引用物,从来就是有待引号加以整理和安排的东西。话语的命运正有赖于引号的开启。引号看似封闭,实则开放。引号开放出的意义,永远为话语所不及。

引号本身是非引号的,我们不能对引号本身打上引号。当然这和双引号及单引号无关。

引号的用法和含义可以表现为以下几种:怀疑、拒斥、否定、嘲讽、幽默、引申、转借、比喻、暗示、强调等等。

但其最基本的用法和含义则是否定和暗示,否定与暗示有其不容忽视的哲学本相。所以,否定和暗示是一种引号在哲学意义上的用法和含义。即,引号的基本用法和含义就是引号的哲学用法和含义。否定和暗示表明了引号是一种哲学意义上的存在。引号的哲学性奠定了其修辞性。引号(首先)是哲学而不仅仅是修辞学。修辞学意义的引号没有任何哲学意义。相反,哲学意义的引号却有着一种极为深刻和独特的修辞学意义。引号的修辞性意味着引号在修辞学中是一种所"在",引号的哲学性意味着引号在哲学中是一种所"为"。哲学的所"为"与修辞学的所"在",恰好构成了引号的本体性与语法性、超验性与日常性、历史性与时间性、意义性与语义性之间的真正区别。

引号的作用主要是隔离。它使人无法进入或接近它内部的东西,它使人被迫远离它圈禁起来的事物。所以,引号的特征是封闭和禁锢。

一切符号皆是引号。意思是,任何符号都是对世界和事物所做的抽象和概括以及指称和表征,从而把世界和事物"圈"起来、"圈"进去。在此意义上,**符号必定"大"于世界和事物**。这样,我们自然引出一个结论:引号必定"大"于引号所"引"之物。显然,这种"大"并非空间意义或物理意义的"广大",亦非实体意义和哲学意义的"普遍",而是意义学和世界学的"优先"和"包含"。所以,引号包含世界。引号虽然在所引"世界"之"外",但其本质更是在所引"世界"之"内"。故而,引号实际上比所引"世界"更内在。

引号对世界的所"引",并不是"引证"世界,而是要"引出"世界。世界恰是在引号的这种"索引"中,才合乎自然地成其为世界。世界的露面、出场、现身,无不需要引号这个"引子"。

每一个世界者都有可能给"世界"打上引号。每个引号都不相同。

卷 八

哲学似乎也在进步。但哲学的变化是一种复古式的变化,哲学的前进是一种倒退式的前进。哲学是倒着往前走。哲学是脚步向前、眼睛向后,所以,哲学向前走得越远,它往后看得就越深。

哲学始终难以忘怀那神秘莫名的家园。哲学的家是人类精神的神庙和人类心灵的圣殿。哲学这种前后兼顾、亦进亦退、一步三回头的存在状态以及割不断理还乱的难言情思使得哲学命定般地走着一条返璞归真之路。但即便返璞,却不一定能够归真。返璞虽已,归真未必。返璞可致,归真难遇。璞不意味着真。真在哪里?真在璞中?真在返璞的归途之中?因而,归真问题就是归途问题。真的问题就是返璞归真的路途问题和前途问题。

哲学把自己的能力往往估计过高,对自己的作用往往估计过大。哲学自居于普遍,又自视为特殊。哲学一方面把自己的价值说成一种普遍性的东西,另一方面又把自己的地位搞成一种特殊性的东西。哲学就在这种普遍价值与特殊地位之间来回穿梭,辛勤地编织着种种高深莫测而又花样翻新的大小体系。它繁殖出一批又一批玄之又玄的术语、概念和命题,把人们引向扑朔迷离的虚无之境,将人"谋杀"。

人文社会科学都是在以不同的方式和规则同现实生活踢球,哲学则企图充当比赛双方的教练、裁判和观众。这样,哲学的地位就显得很尴尬,因为它不知道这场比赛根本不需要教练、裁判和观众。所以,哲学把自己的位置站错了。哲学不知道自己该站在什么地方。哲学不知道该怎么给自己定位。哲学不明白自己是谁。哲学不明白自己想干什么,自己想成为什么。哲学常带有某种自我神化起来的神秘色彩,它常常显得能够说出人性的奥秘、命运的奥秘、世界的奥秘、宇宙的奥秘以及上帝的奥秘。总之,哲学是天地万物终极秘密的唯一拥有者,所有不可知的秘密都掌握在哲学手里。故而,哲学成为最高智慧,成为智慧的最高形式。可是,哲学这种所谓智慧却对自身的奥秘茫然无知。

哲学是在不可能的地方进行思考,是尽可能地把思想引向一切不可能的场所。哲学使不可能的思想成为可能。哲学之为哲学,不是为思想增加新内容,而是为思想开辟新道路。哲学的变化主要在于形式的变化。哲学甚至比艺术更在乎形式,更是形式。

如果哲学仅仅是为常识提供证明和解说,那简直是对人类智力的嘲弄。

哲学能把自己说清就不错了。问题是,**哲学仅仅是哲学,它不可能把哲学说清**。所以维特根斯坦是错的。

可能与不可能都是可能性概念的应有之义。某种意义上,可能与不可能可理解为可能性的两种不同形式。因此,可能性是比可能更深刻的概念。

祝福和诅咒同时出现在人面前。人诞生的最初,祝福是公开的、明确的,诅咒是隐蔽的、含糊的。到了后来,人逐渐成长起来时,祝福变成了隐蔽的、含糊的,诅咒则变成了公开的、明确的,甚至是尖刻的、赤裸裸的,这与文明史的发展是同一条线索。古典哲学是一种祝福式哲学,现代哲学是一种诅咒式哲学。现代人不首先学会刻薄地骂人,难以成为出色的哲学家。骂人的语言越恶毒,这种哲学越有深度。现代哲学成了诅咒人的艺术。现代哲学对人的诅咒已到了令人发指的恐怖地步。哲学从未造福人类,哲学只是在许诺一种幸福或描绘一种幸福。哲学的本质只是向人类祝福,但这种祝福现在却已被诅咒取代。

或许,既祝福人类,又诅咒人类,才是哲学的全貌。

为什么我要创立自己的哲学?因为我不喜欢和别人挤在一个锅里吃饭。我想另起炉灶,做自己的饭吃。"大锅饭"式的哲学观必须抛弃。哲学比以往任何时代更应该成为个人生活的一部分。

哲学家要求人们去了解哲学,人们却要求哲学家来了解生活。

如果哲学问题仅仅是语言问题,那哑巴就不会有哲学问题,两个言语不通的人之间也不会产生共同的哲学问题。但这种可能性似乎并不存在。

哲学主要是一种理性沟通的能力,即是一种拓展共识的力量。

哲学始终有一种野心。恰恰是这种野心把哲学毁了。

有两种哲学,一种盖房子,一种室内装修。前者总想使房子结实一些,后者总想使房子好看一些。前者总想使房子高大一些,后者总想使房子让人住着舒服一些。前者是生活的考虑,后者是美学的考虑。

哲学何时变成了常人身上的假肢?

对哲学的现状,有两种诊断:一是健康,一是有病。其实,这两种诊断都是病态的表现。前者出于讳疾忌医的考虑,所以,它不自信、虚弱,总想掩饰什么。后者则类似于一种虐待狂的征兆,它不把病情说得非常严重就不足以引起别人的注意,所以它总想暴露什么。

一种哲学家力图把问题想得更深刻一些,一种哲学家力求把问题说得更明确一些。前者考虑的是如何说透,后者考虑的是如何说清。

古代,哲学仅仅是哲学。现代,哲学不再仅仅是哲学。

较之科学,哲学好像多了点什么,同时又好像少了点什么。于是,这一多一少就成为哲学身份不明不白的尴尬的标志。

开始,科学要靠哲学来解释;后来,哲学要靠科学来解释。开始,科学是哲学的一部分;后来,哲学是科学的一部分。哲学足以解释科学时,哲学不觉得别扭。哲学解释不了科学时,哲学觉得尴尬。某种意义上,哲学对科学的嫉妒正是哲学所有不满的病根。

哲学的麻烦是,和科学太一样了,会不如科学;和科学太不一样了,不能影响科学。

这里的关键在于:哲学总有一个小小的野心,即总想显得自己比科学更聪明一些;或,总想证明自己能解决一些科学永远无法解决的根本问题。问题是,这些所谓的本质问题对科学并无任何实际意义。这些问题仅仅是哲学问题,仅仅对哲学有用。这也就罢了。哲学肯定有一些与他人无关的问题,任何一门学科都是这样。这不奇怪。反常的是,哲学总说自己的问题比其他学科的问题更重要、更根本、更具决定性。就是说,哲学似乎只去解决那些其他学科根本解决不了的问题。似乎谁都没办法的事情,只有哲学有办法;谁都解决不了的问题,只有哲学能解决。这样,哲学无形中显得比任何学科都更重要、更有用。因为它们考虑的问题都是一些与其他学科密切相关但又束手无策的问题。哲学的聪明之处在于用这种通过证明自己的问题比其他学科的问题更重要更有价值的方式来证明自己比其他学科更重要更有价值。

一种危险的哲学杂技：小比喻支撑着大观点。

本来，小比喻同大观点之间毫无关系，即使有，也非常偶然。可一旦把二者编织进一个所谓的哲学体系，就从外观上赋予二者一个必然性的形式，似乎二者的联系不但必然，而且还唯一。即在所有事物的联系中，只有这二者之间的联系才是唯一真实可信的。于是，人们在轻信某种比喻的同时，也毫不怀疑地相信了某种观点。其实，分开看，比喻可能有道理，观点也可能有道理，但把二者比附起来则没道理。这里的问题出在把本来不该捏合在一起的两样东西胡乱捏合在一起。这样，它就给人的思维造成一种严重错觉，似乎只要比喻对，观点也就自然正确。问题在于，二者单独是正确的，但合起来就不正确。所以，二者之间是一种假关系。这种假关系往往不为人察觉，它使人觉得从比喻到观点似乎是一种正常的程序，而不自觉地放弃了对这种小比喻支撑大观点的思维方式加以必要的质疑。

哲学什么时候才能变得谦虚一些？什么时候才能变得有限一些？

哲学已演化成一种思想的修辞技巧，故而，吸引人的已不是其内容，而是其形式；已不是它内容的价值，而是它的表述方式。

哲学改造世界固然不可能，就是改造文化对它而言也显得太大。

哲学有三种类型：一是建造房子，一是室内装修，一是维修房屋。

太阳底下无新事，那么，哲学史上又有多少新玩意？

关于哲学基本有两种倾向：一是普遍性，一是特殊性。比如，第一科学、最高科学、世界观、方法论、总体认识等均属于"普遍性"。它认为哲学是对所有事物的认识和抽象，从而能指导人们对所有事物的认识和研究。至于概念分析、语言批判乃至认为哲学只能做一些有限的事情等,均属"特殊性"。但它又认为哲学的这些工作对其他事情又有非常重要乃至决定性的作用和意义。这样,这种"特殊论"实质上又成为一种变相的"普遍论"。就是说,哲学始终放不下它的"大架子"。哲学习惯于摆出一副大架子,不愿人们把它看"小"。即使说它"小",也要说它这种"小"乃是比"大"更重要的东西。表面看,哲学是最最清高和超脱的东西,实际上则是最最俗不可耐甚至俗到骨子里的东西。如果有人问:什么最俗? 我会断然回答:哲学最俗。

有两种哲学,一种是"大"哲学,一种是"小"哲学。"大"哲学希望哲学能比科学"多"点什么,"小"哲学要求哲学只能比科学"少"点什么。

"大"哲学往往自命不凡,"小"哲学往往故作谦虚,二者的通病是都缺乏诚实。"大"哲学以上帝自居,"小"哲学以仆人自任,二者的通病是都与自由人无关。

如果没有艺术,我们还能不能思考哲学?
哲学的幼稚在于,它不想与科学(知识)为伍,而想同艺术(作品)为伴。

哲学的致命伤有两个:其一,不借助科学,哲学还能否独立思考?其二,不参照艺术,哲学还能否有效思考?

在现代,哲学的暧昧之处在于,科学和艺术构成了它的两条渐近线。只有借助于这两条渐近线,哲学才能确认自身。由于这两条渐近线的挤压和反弹,哲学不是变得"太大",就是变得"太小",唯独不能恰如其分。正因如此,哲学迄今为止还是一种不太正常的东西。这样,人们就不能在一种正常意义上看待哲学、谈论哲学、使用哲学和创造哲学,而哲学自身也常常以一种怪兮兮的眼光看待世界。

哲学不是不成熟，而是不正常。

哲学成了一种标签，哲学把自己看得上眼的东西（比如"重大理论问题""深刻思想""有价值的方法"等）都大言不惭地一律称之为"哲学性"。哲学的贪婪在于，它总想把一切好的东西都说成与它沾边，或干脆沾它的光、受它的恩惠。

好哲学与坏哲学的区别好比竞选中成功者与失败者一样。成功者不一定真出色，失败者不一定真窝囊。这里面有机缘、运气、策略等诸多因素。

还有一比，好哲学好比畅销产品，坏哲学好比滞销产品。

谦虚只是哲学的一种策略，而非哲学的美德。就其本性，哲学从来都是极端自负的。

是谁打掉了哲学的狂妄？是谁迫使哲学变得谦卑起来？

任何一种貌似谦虚的哲学，本性上都是自负的。因为它都宣称要教给人们一种东西。其实这些要教给的东西在哪里？它们又哪里是哲学教给人们的？我发现，哲学如果不把自己说成最有价值，世界或生活就会成为最没有价值似的。好像哲学不把自己说成最高智慧，人类就会因此迷失方向而变得盲目起来一样。

哲学的谦虚其实也是一种自负，只不过是另一种形式的更为含蓄的自负。哲学不得不如此，因为哲学学乖了。

哲学究竟变得更谦虚了，还是更自负了？哲学究竟变得更大了，还是更小了？

哲学很大程度上已变成一种高难度的思维技巧和有惊无险的思想杂技。所以，哲学的作用越来越趋向于某种特殊的观赏性和仪式化。

卷 八

现在的哲学都在以伪装深刻的方式做着真正肤浅的事情。

开始,哲学主要是聪明人的事情;后来,哲学变成了愚人们的事情。聪明人的问题一般都比较简单,愚人的问题一般都比较复杂。

哲学的投机有多种形式。总的趋势是越来越精致。如果它对某个问题说不出什么新看法,就说自己"无立场",从而对各种看法一视同仁。如果它对某个问题有了看法,就同其他哲学一样,只说自己的立场对而尽说别人的立场不对。姑且不说所谓"无立场"也是一种"立场",即使在实际表现上,这种投机哲学也是尽力寻找一切机会,拼命插上一嘴,从而显示自己的特定"立场"。所以,尽管它总标榜自己"无立场"但总忘不了站在自己的"立场"上发言。

哲学谈论的话题和一般人说的话题没太大的出入。区别在于,一般人只是说说而已,并不过分较真。但哲学却要较真,非要把它说到底。这使哲学显得非常终极和彻底。为了把问题弄彻底,哲学必须把话说得绝对和极端。这使哲学显得极为深刻。为了把这种深刻体现出来,必须把话题说得非常艰涩。这使哲学显得非常严密。为了使这种严密具有权威性,必须发明一套独特术语。这使哲学语言同日常语言非常不同。尽管二者的问题一样。

这是哲学之为哲学的几个基本特点。所谓终极和彻底,只不过是不知深浅。哲学不知道自己说的问题到底有多深,就一个猛子扎下去。这里便出现了两种情况:一是把深当成浅,结果怎么也摸不到底,最后只好自己浮上水面;一是把浅当成深,结果一头扎在河底,不是弄得嘴啃泥,就是碰得眼冒金星。所谓深刻,只不过是另一种浅薄,或傲慢的浅薄。虽然它不同凡响。所谓严密,只不过是把自己包裹得严严实实,不露一丝缝隙,结果,它除了导致封闭和僵化外,不可能有更好的出路。

可见,任何一种哲学,命运只有两种:要么四分五裂地解体,要么固执己见地僵化。

简单说来,哲学就是关于各种最基本问题的自由思考。其中,如何发现这些问题,或如何制造这些问题,以及如何表述这些问题,同样构成了哲学的一部分。

哲学如同书法一样。难道书法的价值就在于教人写字?或在于让人把字写得漂亮、美观、雅致?或在于把字写得龙飞凤舞让人看得晕头转向?或在于证明世界上有这样一种艺术形式?肯定都不是。但书法毕竟存在。哲学亦然。哲学的价值不在于教人思考,教人说话,教人做事,或教人做梦。但哲学毕竟存在。存在,这就够了。

"哲学社会科学"是一个极其虚伪的说法。形式上,哲学在社会科学之前,实际上,哲学却在社会科学之后。因为社会科学建造房屋,哲学仅仅是打扫房间。不是社会科学在收拾哲学的残羹,而是哲学在收罗社会科学的剩饭。

哲学之于科学仿佛水面之于水。这个比喻可以推广到西化之于现代化、性之于爱等一些最基本的问题上。

哲学像一块不大不小的布,要么按照科学量体裁衣,要么比照艺术制作款式;时而提倡一种科学标准,时而主张一种艺术境界。哲学像一只钟摆,不是要么高于科学或要么低于科学的问题,而是在科学与艺术之间不停地摆来摆去的问题。如果没有科学和艺术,哲学还能这样趾高气扬地继续摆下去吗?科学与艺术其实构成了哲学的两条基线和两条基轴。可见,它是一个坐标。在这个坐标相交的某一点上,正是哲学所在。或许正因如此,哲学常常具有一种既"超"科学又"超"艺术的特殊优越感。哲学总觉得自己已经将科学和艺术踩在脚下,剩下的工作就是如何再踏上一只脚,使自己永远高居于二者之上。所以,哲学的心态往往是夸大狂和妄想狂式的。哲学总有一种妄想狂的癖好。其实,不仅哲学如此(哲学只是更突出一些罢了),所有人文学术均不例外。所有人文学术都幼稚地相信自己既比科学

"高明",同时又比艺术"深沉"。

古希腊时代,由于大多数城邦都很小,人们的生活空间非常有限,城邦里的大多数人在长期的共同生活中大都彼此认识和熟悉,每人都知道他人在干什么。如果一个人的工作对其他人的生活不发生任何影响,他就不可能正常生活下去。这决定了哲学和艺术只能是城邦公共生活的一部分,而不可能独立于城邦公众生活之外,更不可能超脱于城邦公众生活的现实状态。后来则不然,社会进化得越来越复杂。它表现为一方面人们相互之间的联系日益密切,另一方面人们彼此之间的距离越来越疏远,人们不了解他人在干什么,也不想知道他人在干什么。孤立和封闭是现代社会人际关系的显著特征。每人的工作都变得与他人生活无关,也都不再对他人生活发生任何实际的影响,每人的工作仅仅是自己的事情。这样,哲学和艺术就不再是生活中的一部分,而变成一种置身于生活之外的东西,甚至是高于生活之上的东西。于是,我们经常看到:哲学和艺术不是在积极地帮助人们改善生活,而是在傲慢地教训人们和评判生活。

这也许是历史进步付出的必然代价?其含义是,历史进步使得哲学和艺术从生活中自然分离出来,变成一种对生活的旁观和闲置。就是说,哲学和艺术的有用性已成为一个过时概念。因为历史的进步决定了哲学和艺术对生活的无用。

生活是一片空场。空场上长着许多树,不是科学就是艺术,哲学总是长不活、长不大、长不高,总是长着长着就死了。这迫使哲学必须攀附于科学或艺术。攀附科学显得有用,攀附艺术显得好看。

科学和艺术是自足的,哲学则不自足。在这个时代谈哲学,好比在科学和艺术的森林里放风筝。密密麻麻的科学和艺术占据了太多空间。哲学的风筝即便想放也飞不起来。即使偶尔有些空隙,也会一不留神被树枝挂住。于是,就造成一种奇特景观:哲学风筝本想飞出科学与艺术的树林之外,却不料偏偏挂在了科学或艺术的树枝上。

虽然哲学风筝显得很高,却不是自身所致,而是攀附于科学或艺术之故。

哲学是一片空场,或是一块林中空地。来自不同方向、不同路径的人可能会汇集于此,但他们不会常驻于此。他们只是在此稍作停留,然后再去赶自己的路(可见哲学永远只是思想的驿站,而不是思想的终点)。他们有各自不同的目的和经历。与此同时,他们肯定还会有某些共同的需要。他们需要一个彼此交流、聊天乃至大声争吵的场所。于是他们找到这里。就像城市的广场或村庄的村口一样,常常汇集着三三两两或三五成群的人们。五花八门的信息和令人眼花缭乱的观点都能在这里找到一席之地,并随时可能得到疯狂地传播和普及。但就其本质而言,不是哲学把不同学科和不同知识背景的人召集于此,而是不同学科和不同知识背景的人基于各自不同的需要而共同开辟了哲学这块场地。相形之下,那些职业哲学家的贡献倒没有人们想象的那么大。这块场地没有明确的界限,却是一块实实在在的地盘。它实际上是一种公共领域和开放空间。因而哲学成为一种谈论不同问题的公共方式或谈论公共问题的基础话语。在这个意义上,所谓"私人语言"是可能的,但在哲学中却是不可能的。因为哲学的本质在于其不言而喻的公共性。公共性拒绝私人语言。私人语言必须转换成公共话语才能进入哲学。哲学肯定需要个性,但哲学需要的个性只是思想的个性而不是语言的个性。这是哲学和文学之别。文学的职责在于创造新的语言,哲学的职责在于创造新的思想。由于有了哲学这块场地,所有那些奇思怪想都会慢慢发芽、生长。它们会在不引人注意的缝隙里长大、成熟,直至成为这块场地必不可少的最奇异的风景之一。这种风景的最迷人之处在于,它往往产生于域外嫁接,而不是形成于自我繁殖。所以职业哲学家的话语往往最缺乏哲学价值。就一般常识看,两个哲学家之间的论辩很少具有真正的哲学性,相反,倒是那些不同学科的学者之间的对话更具哲学价值。正因如此,一个物理学家和一个历史学家之间的对话,或一个数学家和一个社会学家之间的对话,才是真正的哲学。当然,哲学家和历史学家的对话也可能是哲学。但两个哲学家之间的对话最不可能是哲学。

把本来不清楚的说清楚,是科学。把本来清楚的说不清楚,或把本来不清楚的说得更不清楚,是哲学。

谁都知道人的衣服下面肯定是身体,就连疯子或瞎子也百分之百地相信这点。可哲学家仍然能够说文本之外一无所有。

哲学家最常见的错误是把别人都当作瞎子,而认为自己的工作就是向人们准确指出他们看不见的东西,以此证明自己的深刻。

哲学家最开始教人们像他一样思考,继而教人们像他一样说话,最后则教人们像他一样什么也不做。

有的哲学是给别人催眠,有的哲学是给自己催眠,有的哲学既给别人催眠,也给自己催眠;有的哲学是让别人清醒,有的哲学是让自己清醒,有的哲学既让别人清醒,也让自己清醒;有的哲学说给别人玩,有的哲学说给自己玩,有的哲学既说给别人玩,也说给自己玩;有的哲学从不和人玩,自然只能和自己玩;有的哲学什么都想弄,当然什么都不成。

哲学究竟向外解释世界,还是向内解释解释世界的方式?仍是一个"哲学"问题。

哲学一涉及历史就会变得失效。如果不意识到这点,哲学还会变得可笑。

本体论上的失败不能用认识论的辩护予以补偿。

在分析哲学家看来,形上或思辨哲学家是在用复杂的术语阐述一个简单的事物。可在形上或思辨哲学家看来,分析哲学家又何尝不是在做着同样一件事情。在他们看来,分析哲学语言的技术性和专业性远远超过自己,而它描述的事情却比自己所说的更为简单。

如果没有科学,哲学绝对不会想到必须要把自己变成另外一种样子。不论哲学如何摆放自己,它就是不能彻底摆脱它与科学之间的纠葛。当哲学高于科学时,它认为自己对世界有一种总体性把握;当哲学低于科学时,它认为自己的知识缺乏一种实证性;当哲学同科学平起平坐时,它认为自己能制造出一种完全不同于科学的智慧和思想。

哲学是一种最容易被人神化的思维方式。故而,哲学基本上是一种神话。至少,哲学迄今尚未真正摆脱神话性。这使得哲学总爱说大话。

有的人不满足于把哲学当成是说明"金山",而是希望哲学去"造"金山。

哲学既不在于高于科学,也不在于低于科学,甚至也不在于和科学平等,而在于远离科学。把哲学和科学拉得过近,就会弄出一些不伦不类的事来。比如,科学是实验的,就要求哲学必须是"实证的";科学是严密的,就要求哲学必须是"分析的";科学是有效的,就要求哲学必须是"有用的"。

以前,人们用哲学、宗教和诗来解脱苦难。现在人们用苦难来解释哲学、宗教和诗。

如果一种话可以颠倒过来说,那它就是哲学。

哲学思维的痛苦在于,它必须通过痛苦思维。所以,对哲学来说,痛苦是它的正常感受。

一个哲学家和一个小丑没有什么不同。不同的只是二者给人们感到好笑的原因不同。哲学家使人感到严肃得可笑,小丑使人感到滑稽得可笑。但人们一般并不关心可笑的原因,而只对可笑本身感兴趣。

哲学家和普通人的不同之处是,普通人总相信自己很健康,哲学家则坚信自己有病。病急乱投医,差不多就是哲学家的一般心理写照。正因如此,几乎没有一个哲学家会怀疑自己的夭折与早亡。哲学家比谁都清楚地知道自己所患的不治之症。哲学家的寿命比一般人的平均寿命短暂得多。这使得哲学家对生命的理解比大多数人都更为深刻。

哲学是一种建筑。它虽然给人们建成了数不清的高楼大厦、亭台楼阁和豪华别墅,却不能给人们建造一个真正的家。

哲学如同园林,里面千廊百窗,勾心斗角,曲径通幽,错综复杂,却没有给人留下一席之地。

一元论的哲学史观认为哲学史上只存在一种哲学。多元论的哲学史观认为哲学史上存在许多种哲学。用一个比喻就是,前者是大箱套小箱,越套越大,在任何一个特定阶段,始终只有一个箱子;后者则是许多个箱子前后排列,一直排到现在,在任何一个特定阶段,都同时存在多个箱子。我们可以据此引出一个结论:大箱套小箱的观点更具开放性,因为它认为后来的每一种哲学体系都是开放的,不然就无法包容以前的哲学体系;多个箱子并列的观点具有某种封闭性,因为它认为每种哲学体系都是独立自足的,后来的哲学体系既无需包容以前的哲学体系,也不可能包容以前的哲学体系。紧接着,我们还可以据此引出一个结论:一元论的哲学史观往往倾向于共时性的立场,因为它认为后来的哲学体系已经包容了以前的每一种哲学体系，就是说，以前的所有哲学都被共时性地包容于后来的某一种哲学中；多元论的哲学史观往往倾向于历时性的立场，因为它认为后来的哲学体系是一个个地逐步有序地出现的，它们之间在时间上形成了一种前后相接的井然有序的系列，谁也不能完全排斥谁和包容谁，相互之间的地位与价值也一律平等，只不过彼此出场的前后顺序略有不同。

哲学没有问题。哲学既不解决什么问题，也不研究什么问题。因为哲学与问题不是不同的两样东西。"哲学问题"这个说法就是一种充满语言游戏性质的同义反复。因为哲学就是问题。除了哲学本身这个问题外，哲学与任何问题没有任何关系。

哲学的批判和哲学的思考不是一回事。应当说，二者不是有一定的或很大的差别，而是根本不同。哲学批判的对象是哲学，哲学思考的对象是历史-世界。无论如何，哲学不能因为批判哲学而放弃对历史-世界的总体思考。哲学必须坚持总体思考。总体思考的本质是在历史基础上重新理解一切。总体思考是哲学的深刻传统，也是唯有哲学才能做的事。在历史基础上，意味着一切存在都已被纳入历史范畴。世界已不再是一种超然物外的独立之物。世界不再是独立的，世界已成为历史的一部分。历史是人的创造过程。基于历史，人可以理解历史创造的一切。所以，所谓"世界本质"根本不是一个问题。哲学思考的是，历史如何赋予世界以意义？

如果把哲学思考和哲学批判混为一谈，如果把哲学的全部工作视为对哲学的批判，那不过是把哲学当成了"哲学观"而已，即如何"看待"哲学和"摆弄"哲学的问题。

哲学不可能批判世界。对哲学来说，所谓"批判世界"很可笑。因为哲学没有创造世界，所以，哲学根本没有能力批判世界。世界是历史创造的。所以，哲学只能凭借历史去理解世界和思考世界。

卷 八

总体思考必然以历史为前提。总体思考不能超出历史,当然更不可能"超历史"。"超历史"向来是一个可笑之至的哲学幻觉。令人费解的是,哲学对历史为什么会有如此良好的自我感觉和惊人自信?难道哲学真的认为它的所作所为已经"超历史"了吗?如果不是绝对自信,肯定是绝对自欺。可对哲学来说,这二者有何区别?哲学又何尝弄清过二者的不同?总之,哲学向来是用虚假的自信掩饰真实的自欺。

几乎所有的哲学都隐藏有一种狡猾的福音欲望。福音的本质是许诺。许诺就是欺骗。

福音伦理学、福音哲学的特点是把证明变为许诺,把批判变为给予。

其实,哲学何曾给予过人们什么?

任何哲学都包含一种许诺。如果没有许诺,哲学凭什么吸引人?

对哲学来说,福音有两种形式:一是鼓吹不幸,一是炫耀幸福。其实,有时这二者往往一回事,只不过互为表里而已。

人弄不懂,哲学家为什么会那么轻而易举地崇拜哲学?

哲学思考的是概念而不是事实,任何事实都不能成为哲学的对象和元素。比如,一张桌子作为事实(哪怕是客观也罢)就不能被哲学思考,一张桌子只有作为概念才能成为哲学思考的有效对象。不管真实的事实还是虚假的事实,对哲学思考都构不成有效的约束力和对象性。哲学不思考事实,也不关心事实,更不在乎事实。事实是什么,事实如何,都与哲学无关。任何一个哲学家,他说的"事实"都不是一个真正的事实,只是一个纯粹的思想概念。比如胡塞尔说"走向事实本身",维特根斯坦说"世界是事实的世界,而不是事物的世界",均是如此。在哲学中,事实只是一个隐喻和符号,它早已不具有任何事实意义。

从权力角度看，或以权力为喻，哲学在现代的处境如同从古典时代那种至高无上大权独揽的绝对君权下降为今天的立法权或司法权，科学则成为行政权。这样，哲学不再与人发生直接关系，哲学的权力成了间接性的。现代社会的人更关心的是科学如何运用和操作它的行政权力。

某种意义上，现代哲学仿佛有些类似于民主国家里的礼仪君主。在这些国家，君主主要起到一种礼仪的象征和传统的标志，并不直接发挥政治作用。哲学的处境即是如此。真正起作用的是科学，科学就像这些国家的政府首脑一样。尽管科学表面上尊敬哲学，实际上，它早已不再需要哲学和依靠哲学。

在现代社会，哲学同其他知识的关系类似于民选总统与选民之间的关系。就是说，现代哲学从其他知识中"选出来"，古典哲学则是依赖哲学传统"世袭"而来。

借用选举比喻，尽管其他知识非常不满哲学的高高在上和自以为是，但仍需要一位权限已被大大削弱了的总统存在，以保证理性王国的正常运转和合法秩序。正因为现代哲学已不复有古典时代那种科学之王的神圣和权威，故而，哲学问题不再成为其他知识热切关注的中心问题，哲学话语不再是其他知识共同使用的普遍话语，哲学价值不再是其他知识共同信奉的绝对价值。总之，哲学已不再引起轰动。就其本质，现代仅仅是供哲学栖居或休息的一个驿站，而不是使哲学得以生活或居住的家。这样，哲学从骨子里仇恨现代。可以说，哲学是反对现代最坚决最激烈的力量。对现代的全盘攻击是现代哲学的一个基本特征。这已成为现代哲学的一种特殊气质。很大程度上，哲学在现代的存在有赖于它对现代体无完肤的攻击。这已成为现代哲学的一种生存原则和本能需要。现代哲学不攻击现代，就无法生存,就无法发泄,就无法寻得心理平衡,就无法满足自己的虚荣。现代哲学不是像古典时代的哲学那样依靠传统世袭而继承王位,而是依靠其他知识的选民而被选为总统。故而,现代哲学除了拿现代出气,诅咒现代之外,无论如何也不敢对其他知识稍假辞色。尽管它仍可以用某种较为隐蔽和狡猾的方式欺骗和忽悠其他知识。正像民选总统往往避免不了有时要背叛选民一样。

古典时代是哲学产生科学,现代是科学产生哲学。

中世纪,哲学的目的是理解上帝,于是哲学成为神学;现代,哲学的目的是理解人,于是哲学成为人学。那么,哲学去哪儿了?可见,一切问题的症结都在于哲学从未成为哲学本身。人们愚蠢地相信,在神学与人学之间的夹缝中似乎存在一种叫作"哲学"的东西。

哲学分为两种:大哲学和小哲学。本体论哲学属于大哲学,认识论哲学属于小哲学。大哲学不一定好,小哲学不一定不好。但真正的大哲学一定比真正的小哲学好。因为,小哲学不是盖房子,而是修房子。如果说大哲学在建造新房,小哲学就在搞室内装修。所以,小哲学的主要工作就是不知疲倦地摆弄家具和装饰品,不断地在房间里把同一件家具移来移去。不是心血来潮地把旧家具刷上新漆,就是赶时髦地买上几件新样式的家具,再不就是财大气粗地把旧家具全部扔掉,再去买来成套的新家具。但摆弄家具并不就是生活。它只表明了对生活的奢侈,而不是对生命的创意。所以,小哲学永远只是小哲学。

小哲学只是在吃哲学,也就是在消费哲学,而不是在生产哲学,更不是在创造哲学。

如果哲学只关注思想而不思考世界,它就如同只搞室内装修而不建造新房。理想的状态是,一方面,少数人用它来装修房屋;另一方面,大部分人用它来建造新房。

蔚为大观的哲学史成了哲学家们大搞室内装修的上乘材料和绝好样板。

哲学史证明,任何一种"新"哲学在开始时,都会摆出一副前无古人、不可一世的样子。但终究仍然不过如此。所以,哲学史能够为哲学制订一条平等原则。对哲学史而言,一切哲学都是平等的;在哲学史面前,一切哲学都必须平等。

对哲学不切实际的过高期望是导致哲学慢性自杀的兴奋剂。

无论如何,哲学不能回避某些东西。如果哲学打算成为哲学,它必须否定某些东西。如果哲学不准备放弃哲学的权利,它就必须具备否定事物的能力。

如果有一天哲学变成了围绕哲学自身兜圈子的驴子,哲学就会具有一种可观的工作效果和感人的实践品格。

哲学或真理本身不是财富,也没有任何价值,它只是储存财富的一种有效方式。打个比方,如果科学是钞票,哲学就是银行。

本体论不是一种证明方式,而是一种把握方式。任何一种本体论都不可能以一种认识论的方式得到证明,任何一种本体论都不可能被某种认识论证明。所以,认识论对本体论既无用,又无效。

不要迫不及待地要求哲学做这做那。因为我们还没有一种真正的哲学。

我不认为哲学能做多少事情,但我们可以用哲学做一些事情。

必须在哲学思考中引入"零"概念。比如,历史与现实的关系就是一种"零关系"。它是指一种浑然一体的原始状态。

哲学是菜谱,其他学科是菜肴。哲学不可吃,但没有哲学,你也吃不到别的东西。史学是饭桌,也不可吃。可没有史学,你也不可能感觉自己在吃饭,只是觉得自己在进食,或被喂食。

哲学总是以一种突如其来的方式提出它焦虑的问题并获得它期待的结论。所以,哲学不仅产生于惊奇,而且,哲学本身就是最令人惊奇的东西。

越来越多的诗人身不由己地卷入了埋葬诗歌的大合唱行列之中。那些急不可待地企图给锈迹斑斑的冰冷的哲学镀金加温的哲学家却适得其反地成了谋杀哲学的无知杀手。

哲学是地平线,而不是太阳。尽管太阳从地平线下面升起来,但又好像与地平线无关。

哲学家死了。死亡却变成了哲学。

哲学家会说,如果人类不思考,就割下他的头。
所以,哲学家偏爱人的脑袋胜于喜欢人的身体。
每一个哲学家都似乎相信:人的身体本来就是人的脑袋上多余的一部分,身体的用处只在于支撑脑袋。如果让哲学家选择,他一定会只要一个头。哲学家理想的生活是,弃身留首,一头足矣。其实,连头发都多余。所以,哲学家一直践行着"留头不留发"的古训。这样,人总能看到哲学家脑后那条晃动不停的辫子。只要抓住了这条辫子,哲学家就死定了。

中国哲学基本上是把人视为对象角色,而不是将人视为去规定的元角色。海德格尔似乎克服了这一缺陷。他把人理解为此在,又用此在揭示存在。所以,与其说此在具有存在性,不如说存在具有此在性。

如果说艺术是"无中生有",哲学就是"无事生非"。二者均处于"有""无"之际。

哲学有两种形态:一种是直接批判,一种间接概括。直接批判无论对世界还是对思想,均立足于哲学本身进行批判;间接概括则依赖于其他科学知识所作的一般抽象和概括。这样,哲学不再是批判而是解释。这实际上把哲学变成了科学知识的"高级注释"。

如果哲学没有自己的问题,哲学也不可能解决任何其他问题。

一种问题原本不是哲学,但何以可能判断它只能被哲学解决而成为哲学问题?这种判断的根据本身不就是一个地地道道的哲学问题吗?

如果哲学能解决科学不能解决的问题,这种问题就不是一个科学问题,只能是一个纯粹的哲学问题。

哲学不可能像一个捡破烂的,只去捡科学捡不过来的东西。

每门科学都有一些自己解决不了的问题,但这不等于哲学就能解决这些问题。因为,哲学也有自己的问题要去解决。

在哲学上,我越来越倾向于"落实",而不愿用"还原"。
因为,"还原"是意识的直观,"落实"则是身心合一的体验。

西方哲学如同一座高耸入云的塔,中国哲学如同一口深不可测的井。前者拥有天空,却没有失去大地;后者占有了大地,却失去了天空。

如果每个人都像哲学家那样生活,世界上就不会再有哲学,甚至世界上再也不可能有"生活"这种"东西"。因为,尽管哲学毋庸置疑地是对平庸的挑战,但平庸总是比哲学更强大。在平庸面前,哲学家永远是弱者。

"人是什么""什么是存在""世界本质是什么""生命意义是什么",当人们听到或看见这类句子,就知道这肯定是哲学了。于是,哲学像是在探究一些词的语义或用法。其实,哲学只是把一些词变成句子,即哲学只是用词来造句。当你学会这种**造句法**时,也就混成了哲学家。

哲学可以有好的,有坏的,却不能有假的、伪的。在粗俗的物质领域,坏钱能驱逐好钱。在高雅的精神领域,伪哲学只有借助专制权力才能驱逐真哲学。伪哲学的特点是,只论证政治需要和允许的观点,从前提到结论,从证明到证据,从概念到术语,皆不超出现行政治允许的一般限度。伪哲学的最大特点是,往往能从一个最抽象的哲学观点毫不费力地直接引申出一个最具体的政治结论,同时,它所有的或大部分的例证皆是带有赤裸裸的政治色彩和强烈的政治含义的材料,或者简直就是从政治经验中照搬过来的普通常识,以至于你非但不能轻易否定它结论的合理性,而且你也不能随便否定它为了论证这个伪哲学的结论而列举的不伦不类的政治事例的有效性。这样,不光结论有了"科学性",就连例子都有了"神圣性",所以,你只能从头到脚地对这种伪哲学加以不折不扣的全盘接受。

在权力垄断下,哲学伪币迅速充斥整个精神王国,以至于你的原有防线顷刻之间土崩瓦解。在权力主宰一切时,单凭思想的力量无法与之抗衡。伪哲学是思想伪币,它破坏了整个精神系统的生态平衡和精神领域的正常流通。一切思想的自由生存和公平竞争皆化为泡影。

新哲学论述人性问题,就是重建人性本身;论述自由问题,就是重建自由本身;论述良知问题,就是重建良知本身。几乎还没有任何一种哲学的诞生与具体的人生结合得如此紧密,以至于我们说,哲学就是人生,哲学思考就是人生创造,哲学思辨就是生命体验。

哲学总是把话分开说,但说到最后,话头就说到一起了。

哲学是从生存的空隙产生出来的一种实存。

任何人都无法在房间里盖房子。哲学家会说:"我为你们盖房子。"

哲学既是哲学史的否定形式,又是世界史的肯定形式。对任何一种哲学不应从哲学史的角度理解,而应从世界史的立场把握。与其说哲学属于哲学史的一部分,不如说哲学属于世界史的一部分。就是说,对哲学而言,世界史比哲学史更具有普遍的优先性。

全部哲学史的根本错误在于:一是虚构了世界,一是取消了历史。其实,二者一回事。我的努力方向与之相反:一是肯定了历史,一是取消了世界。其实,二者也是一回事。

哲学问题总是在提醒人们:该说的话早已说完,剩下的只是再画一个句号。

你不能指望哲学家向你肯定什么,因为哲学家只能向你否定什么。哲学家的口头禅不是"是",而是"不"。

哲学的毛病不是说得不好,而是说得太多。

哲学家不是形而上的"道",而是形而上的"道者"。"道者"是言说者。但他不是一般的言说者,而是对"道"的言说者。所以,"道者"有两层含义,一是言说的人,一是对"道"有所言说的人。即,哲学家乃是对形而上之"道"有所"道"的"道者"。

形而上不等于"道"。"道"本身不等于"道者"。但"道"包含"道"（言说）的成分。这样，对形而上之"道"加以"道"（言说），实际上是对"道"这种形而上的语言体系加以整理和运用。

哲学家作为形而上之"道"的"道者"，他对"道"的任何一种"道"（言说），都将成为"道"本身的一笔珍贵财富和一种新型形态。因为，"道"不是别的，乃是在漫长的历史中积累起来或积淀而成的一种**可"道"之"物"**。

任何一种哲学都不可能改变哲学的本质，只能改变哲学的某种形式。因为哲学的本质是哲学史。要想改变哲学的本质，必须首先改变哲学史。但唯有历史本身才能改变哲学史。

哲学史意识比哲学意识更重要。因为哲学史意识本质上不仅是一种对哲学史的理解与把握，更是一种欲罢不能的哲学史境遇与前提，而哲学意识主要是一种对哲学的认识与思索。可见，**哲学史意识比哲学意识更深刻地接近了历史本质**。

澄清意义还是消除无意义？哲学总是自不量力地将自己逼上绝境。

哲学是晴天的雨伞。但哲学家早在下雨之前就已逃回了书房。

哲学中常常有一些出人意料的东西，它们不但构成了哲学的可能性，还构成了哲学本身的哲学性。

如果说哲学的全部工作仅仅在于对哲学的颠倒，那这种颠倒本身就意味着对哲学的取消。

哲学就是胡说。如果这是关于哲学的定义，就必须再补充一句：

这种胡说并非毫无意义。因为，它只是以一种极限方式显示了这种无意义，或者说，它将无意义推向极端，从而使无意义的极限性与有意义的极限性二者在语言中获得一种本体论的肯定性统一。

哲学就是胡说。如果再加上一句：这句话本身也是胡说。那这就是正儿八经的哲学了。

哲学是一种无法取消自我的神意承诺。

哲学只是要说清楚一件事，但哲学还没有自己的语言。这样，非哲学的语言与哲学所要说明的事情之间不可能建立任何联系。所以，哲学始终是孤立的、封闭的。要想打破这种僵局，哲学必须先学会说自己的话语。

哲学总是在"是"与"不是"之间跳舞。到头来，连哲学也弄不清自己究竟是"是"还是"不是"。

也许有一天，人会跪在哲学面前。就现在而言，哲学仍然在跪着。很难想象一种跪着的哲学如何可能描述一个站着的人。所以，跪着的哲学只对死人或尸体感兴趣。

或许我们不能像哲学家那样思考，但我们仍在思考。这并非说我们超越了哲学家，而是说我们不再需要哲学家。

哲学是一种语言实践，更是一种话语技巧。即，只要能把某种正统的、流行的、主流的话语颠倒过来并自圆其说，这就是哲学。而且，还可能是一种蛮不错挺受欢迎的"新哲学"。

在西方哲学史上，康德第一次把时间引入了哲学思考。但这个时间还只是一个单纯的直观形式，而不具有任何变化的可能性及意义。到了海德格尔，则使时间成为哲学思考的中心，使时间具有了变化的可能性。但时间的这种变化仍是抽象的、超验的,而非具体的、现实的,即,它不具有任何历史性和历史性之意义。

哲学是不可说的,但人们可以用哲学去说。

哲学之为哲学不在于为哲学而哲学。所以,哲学的本质不在于如何摆弄哲学,而在于摒弃哲学和超越哲学。

哲学是一个文明的地理环境,所以它很少变化,即使变化也仅限于量变而非质变。科学是一个文明的社会结构,所以它总是在不断变化,这种变化不光是量的,同时也是质的。

一般来说,哲学史是一种从深刻趋向合理的过程。
最初的哲学问题总是深刻的,最后的哲学问题总是合理的。
所以,合理的哲学代替了深刻的哲学。
哲学史不是一种逐步深刻化的过程,而是一种逐渐合理化的过程。
所以,我们再无法对任何一种哲学提出一个较为深刻的问题,我们能做的只是对这些哲学作出各种相似的合理解释。

哲学的问题是,为问题而问题。这就是**问题主义**。这样,哲学本身成为问题。

如果像哲学所说,人没法生活,没法说话,没法思考。实际上,人生活得挺好,至少不像哲学说得那么糟。人也能正常交谈,也能深刻思考。

哲学和艺术一样,更多的是一种形式。思考根本问题本身不是哲学,只有把问题变成一种形式,才是哲学。这种**问题 - 形式**使问题成为可把握的。

尼采的井盖

在山上建起一座纪念碑后,海德格尔还想挖出一座更大的金矿。他把整座山都挖空了,结果可能导致山体塌陷。《哲学论稿》是这么一种东西:洞见与混乱交合,深刻与疯狂缠绵,激情与乏味同眠。如同尼采的《权力意志》。当小说看比当哲学看更有趣,更有感觉。

对哲学史的两种看法:对同样问题所作的不同解释,对不同问题所作的相同解释。

哲学如衣服,科学如家具,选择一种哲学较之选择一种科学更能体现一个人的个性与气质。

卷　　九

相信沉默的力量，就是信仰思想的力量。

由于强迫思考机制的形成，人被抛入一种强迫思考的循环游戏。越思考，越没有思想；越没有思想，越乐于思考。最终，在铺天盖地的思考中，思想本身不见了、无影无踪了、不复存在了。思想死于思考中，思考取消了思想，思考瓦解了思想。思想成为思考的惯性意识和习惯行为。

一个人一旦习惯于某种语言，就会用这种语言来表述自己的思想；进而，他还会用这种语言进行思考；最后，他则会用这种语言代替自己思考。

真正的思想需要那么复杂而花哨的文体吗？

所谓思想是指：不知何时，你脑袋里长出一颗弹头，让你疼痛、焦躁、不安。你必须把它取出来，而且只能自己动手。

对于一切思想蠢货，我都乐意说，免费送你一个井盖。

每人都是一口井。每人都是他人的陷阱。每人头顶都有一个井盖，只不过他们都把井盖当成了天。尼采也有一个井盖，只是他的井盖更大。于是他就有了俯视乃至蔑视其他井盖的资本。相较坐井观天者，尼采显然离天更近一些。因为他已经爬到了井口。这时，他就

尼采的井盖

需要一个更大的井盖。

尼采掉进了自己亲手挖的陷阱。等他爬上来,他便成了一个井盖。可他没法爬上来,所以我必须给他一个井盖。这不是埋葬超人,也不是让尼采轮回,而是让他**在深邃的寂寞中倾听沉默**。可见,井盖实乃我赠送尼采的葬仪。

自我从沉默中来,复归于沉默。学会倾听沉默的声音,品味沉默的言语,就能透视透明的黑暗。

每个人都有不止一个自我,每人都有许多个自我。思想往往是从这个自我到那个自我,或从那个自我到另个自我之间的相返往复的无限漫游和自由旅行。不管他走多远,他永远走不出自我。区别在于,不同的自我给他提供不同的地点和景观,使他产生不同的思想和意象。这样,他的思想自然成为一个多向度的有机整体。它有自身的结构,它遵循自身的逻辑,它产生充分的张力。它不甘寂寞,它跃跃欲试。它随时待命并准备出击。它目空一切,但又行动谨慎;它步步为营,但又长驱直入;它自视甚高,但有自知之明;它眼光犀利,但往往顾此失彼。总之,它有力量,但又很脆弱。所以,它需要尊重,但从不乞求保护。思想的本质即在于此。它既强大又弱小。当我们向思想表示足够的敬意时,千万不要忘记思想还有它另外一面,这就是如婴儿般的软弱和无力。

如果科学和艺术之树过于拥挤,遮蔽了我们需要的阳光和蓝天,我们是砍伐树木,还是迁往别处,另辟一块新天地?显然,这个问题的抉择已超出了科学和艺术的能力。它需要思想予以决断。

我喜欢用"动词"去赋予事物一种特殊的理解:思想是动词,哲学是动词,艺术是动词。

在我的思想中,所谓"动词"不光描述一个动作,而且更要**产生**一个动作。

思想即在于开启思路。
思想是一个**有意义的动作**,即打开某个开关的动作。

有时,一个糟糕的比喻会糟蹋一种有价值的思想。除非万不得已,否则尽量不用比喻。

有人从地上随便抓起一把土,就说这里面藏有生命的种子。可从大地真正生长出来的果实何尝有泥土的痕迹?

擦桌子易,擦玻璃难。因为桌子不透明,而玻璃透明。所以,桌子只需擦一面,玻璃则需擦两面。有一种思想是单面的,有一种思想是双面的。你只有彻底弄清它的两面之后才能真正明白它的意思。

如果你拿一种红色去找一种红色,只能证明这两种颜色一样,不能证明那就是红色。如果你拿一种绿色去找一种红色,只能证明这两种颜色不一样,也不能证明那就是红色。

当思考变得最不可能时,真正的思想才开始。这暗示着,**深刻之思总是绝望之物**。单纯的希望只会窒息思想。

我必须把我的思想打磨得更锋利些,为的是能把刀锋轻松地刺进人们的心脏而又不被其玷污。

我们必须注意,思考时绝对不能从思想上滑过去。
思想原本粗粝,经过太多想法的摩擦,已经变成了光滑的鹅卵石。有棱角的思想硌脚,使人疼痛;圆滑的思想让人站立不稳,容易跌倒。可见,思想永远是一种不让人省心的东西。

没有思想时,人们总有些不同的想法。人们习惯于把这些想法说成是思想。

"思想"这个词的关键是"思",而不是"想"。可大多数人都把"想"当成所谓思想。这样,思想成了没有深思而只有浮想的轻率过场。

思想与围棋有一比:先是一个点,继而一条线,最终连成一片。高手总是凭直觉就能一开始首先在一个关键位置布上一个棋子,然后逐渐连线和扩展自己的地盘。于是,一个不容拆散的思想布局就此形成。庸手则不然。他们总是找不到专属于自己的立足点,终生处于支离破碎的据点状态,而根本不能在据点之间建立联系,形成自己的网络和体系。

要想把问题想透,就必须把思想变成纯金的钻头。

思想是一种最简单的生存方式。因为人在什么事情也无法做时仍可以思考。同时,思想又是一种最纯粹的生存方式。因为人在做完一切事情后仍可以思考。

思考时,我们不会觉得思想多么了不起。一旦停止思考,我们就会觉得思想非常伟大。

思想被深刻地置于否定性之中。否定成为主题。但这不意味着思想完全就是可能的。相反,思想的不可能性作为一种传统体系和现实力量正日益显现出某种不可遏制的超历史性。

思想家从不去冒充小说家,小说家却总是冒充思想家。这倒不是因为思想家觉得小说难写,而是觉得小说是另外一种话语。小说家则常常认为思想和小说是同一种话语,思想就是他笔下所写的那些东西,所以,他每天都在写作思想,不,他每天都在自豪地令人羡慕地创作思想。正因如此,小说家往往就比思想家胆子大得多。

两种思想风格和写作风格。一是把话说死,把问题说活。把问题说活,故总有新问题可说,故总能提出新问题;把话说死,则不必丢下话头,在字面上绕来绕去,玩弄文字游戏。一是把话说活,把问题说死。把话说活,故总能自圆其说;把问题说死,则永远提不出一个新问题。

与其说上帝是一位数学家,不如说上帝更像一位思想家。所以,上帝不是在算计什么,而是始终在思考什么。这使上帝变得谨慎。人若思考,上帝便开始担心。

什么是思想?思想是你想了,别人没想。但这不意味着思想就是思想者个人的主观臆想和虚拟想象。本质上,思想者的思想同样属于不思的他人。只不过,形式上,这些思想作为思想者个人的创造而表现出来。所以,思想者的思想之于不思的他人而言,并不等于是表现了纯属思想者个人的某种想法和古怪念头。

同时,所谓思想是你想了而别人没有想的另一层含义是,真正的思想不是从那些五花八门的各种大众话题或流行时尚中产生出来的,真正的思想从不属于这些。真正的思想总是从无从察觉的隐蔽处静悄悄地诞生出来。所以,无声无息是思想的特征。深刻的思想总是从他人不思的地方产生,在绝不为他人所思所想的地方,才有思想的存在。

总之,思想是我想了你没想,我想到了你没想到,我想出来了你没想出来。所以,思想的存在总是证明思想者往往比不思的他人想得更多更深更有效。

所谓"你想了,别人没想",含义有三:(1)别人不想的时候,你去想;(2)别人想不到的地方,你去想;(3)别人想到的东西,你重新去想。

在思想的路上,我们究竟能走多远?

提出这个问题主要源于一个严肃的笑话:因为我们早已习惯了在跑步机上狂奔。

思想不是去理解世界,而是把思想理解为一个世界。在思想将自身理解为一个世界的过程中,思想与世界发生联系。这种联系可以从两方面看。从世界角度看,可以看成是思想对世界的靠拢和接近,而这种靠拢和接近又极为有限,即,思想对世界的认识能力总是有限度的,换言之,思想没有能力从根本上认识世界,思想没有认识世界的先验能力,世界之于思想具有不可知性。从思想角度看,世界是一种外在之物,世界的存在仅仅在于为思想的建构提供一种非本质性的外部证明,所以,世界的变化非但不能真正改变思想的内在结构和基本性质,反而需要思想这个内在世界去保证和解释世界的一般变化。

在思考中,事实变成了问题;在陈述中,问题又变成了答案。

思想是能在灵魂中发出声音的东西,它产生血和泪,从而把灵魂装点成一座肉眼看不见的天堂。

人类的衣食住行其实是文化的基本隐喻,所以我特别喜欢用吃饭和房间来比喻人们的思想方式。

为了探测海水的深度,必须把石头沉入海底。倘若不在绳子上系块石头,测量海水深度的绳子将会漂向何处?它又如何可能扎根于海底?

因而,对绳子来说,石头就是在走极端;但对海水来说,它恰恰需要石头这样的极端。

可见石头本身正是一种特殊的思想方式。

思想的金子与语言的沙子既不融为一体,也不彼此分离,更不相互依存。但二者的这种关系迄今尚未得到清晰的认识。

思想不是要把语言的棱角打磨掉，而是要保持语言的粗糙。但这样一来，语言就变成了思想。

我们一般不是在首先设想了事物的对立面之后再来考虑这种事物。因为事物的限度总是在我们意想不到的地方制约着我们的思想。

直观是**看出**什么，不是看见什么。看出意味着观者与被观者之间必须分享部分**历史的重叠**。这样，重叠的历史部分构成了直观的视界。

直观不是将看见之物视作本质，而是将所见之物与某种更大更深的东西直接联系起来，并瞬时把握为一个整体的能力。这种能力是一种非逻辑的理性建构。故而称之为理性直观。理性直观把看到的任何一部分都看作整体的一部分，从不认为所见之物仅是因自身之故而得以如此。理性直观并不直观本质、概念、心灵或存在，只是直观历史和现实。唯此，历史－现实的本质得以呈现。这样，理性直观也成为本质直观。

现象学直观类似养由基射箭。当你把一枚铜钱看成一个车轮时，你就完成了现象学直观。就是说，现象学直观不光要看清事物，还必须**穿透事物**。百步穿杨就是现象学直观的实践。

除非事先做出特别限制，大部分情况下，认识活动可以改变认识对象。

卷 十

我不信仰上帝,不过,他如果信任我,会来找我。

"上帝死了"不是一个存在论的问题,而是一个价值论的问题。韦伯的思路是,上帝死了,价值没了。故"价值中立"实乃必然,而非自由选择。在其逻辑中,他完全排除了"价值中立"是否可能之疑惑,也根本无涉"价值中立"是否必须之疑虑,而坚持强调"价值中立"不得不然,具有必然性和强制性。简言之,上帝死了,价值绝对不再可能。所谓价值中立,实乃价值虚无。

承认价值判断,不是为了代表上帝发言,而是难以彻底摆脱自由意志之焦虑。即,我们必须选择一个适于自己的价值。这种价值选择既不意味着我们高于他人,也不意味着我们低于他人。唯其如此,价值判断既是个人之事,也是每人之事。它是一种无需援引上帝,也无涉上帝的绝对意志。

宗教感相信神创造世界,无神论相信人创造历史。

个人之正义,天下之大义,古今之通义,此三义皆为人义。此外,应当还有神义。

尽管人一思考,上帝就发笑。问题是,上帝除了发笑还会干什么?

卷 十

人们爱说"人一思考,上帝就发笑"。对此,我对人类深表同情。可除了嘲笑人类,上帝还能干什么?对此,我为上帝感到可怜。

人自己先笑,然后再思考。这样,上帝就没理由笑了。当然,笑无需理由。在这种无厘头的笑声中,思考变得可笑。究其实质,这表明了人的自卑。它暗示着,人不配思考。其实,唯有思考让人自信。这种自信不在于人人之间,而在于人神之间。

人笑够了再思考,上帝就笑不出来了。

人思考,上帝发笑。但这不是人的耻辱,而是上帝的无能。它表明上帝已经黔驴技穷。

我相信,人不但笑在最后,而且笑得更好。

在人类的笑声中,我不知道上帝还能干什么。可我能想象到上帝的表情,这种表情足以使上帝羞愧得自杀。问题是,上帝会自杀吗?

人比上帝更伟大。因为人笑在了最后。

人一发笑,上帝就会发抖。

创造人是人的事情,理解人是上帝的事情。

我们把创造人的权利收回来,却把理解人的能力保留给上帝。

我们先创造上帝,再让上帝创造我们。

一个人的感觉同多数人的感觉(或整个社会的感觉)不是同一种性质的东西。即,不能把二者理解为个别与一般的关系,或少数与多数的关系。因为二者是一种针尖与气球的关系。

当个人的感觉被社会的感觉所忽视和排斥,个人的感觉就变成了一个针尖,它的使命是去刺破那些由社会的感觉膨胀而成的飘飘然的大气球。所以,尽管个人的感觉与社会的感觉在数量上不成比例,但二者的冲突并不构成一种鸡蛋碰石头的结局。因为个人的感觉是真实的,而社会的感觉是虚假的。所以,前者有分量而后者没分量。正因如此,针尖必然能戳破气球的神话,而还之以无价值的碎片。

中世纪人们曾认真地论证过针尖上究竟能站几个天使的问题。其实,不论站几个天使,其数量肯定都很有限。但针尖到底能扎破多少气球的问题则是一个未知数。因为有多少气球,它就能扎破多少气球。有一个扎一个,有一百个扎一百个。它既是一个无限少的问题,又是一个无限多的问题。

当我们好奇地想象一个针尖能扎破多少气球时,有谁不愿做针尖而去做气球呢?

先知为什么如此枯瘦?
因为他被信徒榨干了血肉。

上帝是我们的脚趾头。每当鞋子不舒服时,他就会提醒我们该换一双鞋子了。于是,我们觉得上帝比我们每个人都更聪明,而且上帝也是真心实意地爱我们的。

我把十字架直观地看成两个人身体的叠加。因而,在苦难意义上,人性是相通的。即,所有人都必须受难。基督既不是最早者,也不是最后者,而是同时者。基督和人同时受难,故而才能见证人的苦难,并分担人的苦难。否则,人凭什么要向基督倾诉自己的苦难?基督又凭什么能够分享人的苦难?基督如此做并非因为基督上承天命或身具异秉,而只是因为他和人一同经历了苦难。正是在苦难意义上,人和基督有其共同语言。基督话语即是受难倾诉。

拯救是如此的幸福,爱是如此的痛苦。为此,我十分同情我的基督兄弟。他在做着一件几乎令人发疯的事情。

上帝是人类的债务人。人类寻求上帝是为了向它索债。所以，有钱人常常忘记上帝，腰缠万贯者则往往看不起上帝，只有那些身无分文、一贫如洗的人才常常急切地寻找上帝。因为他没有钱，而上帝又欠了他的钱。至于上帝何时何地向他借钱却一直拖着没有还给他，他是不知道的，他也不必搞清楚，他只需牢牢记住上帝没有还他钱就行了。

倘若耶路撒冷的大门不能容纳两个人并肩走进去，当我与耶稣同时来到，谁先进去呢？我还是他？先他进去，我是盗；后他进去，我是贼。我只有和他一块进去。这样，门就成了问题，门就显得过于狭窄。除非把大门拆掉。

可是，一旦把耶路撒冷的大门拆掉，我来到此地究竟还有什么意义？难道我来这里不就是为了跨进这道神圣的门坎吗？

宗教的对立面不是科学，而是罪恶。

上帝死了，人们不再恐惧；或者，人们更加恐惧。

人只能死一次，上帝却能死一千次。
所谓"上帝死了"，意思是上帝还能活九百九十九次。

对凡人来说，他只能信仰上帝或魔鬼，而不能同时既信仰上帝又信仰魔鬼。但对上帝和魔鬼来说，他必须既信仰上帝又信仰魔鬼。否则，他就是不可能的。

基督教从人的不可能性定义人，佛教从人的可能性定义人。

上帝不会给人裁决善恶，更不会在人的立场上定义善恶。

尼采的井盖

在尼采眼中,基督教太软弱,太人性化。其实二者一个意思。所以尼采鼓吹超人。超人带有一种强有力的野性气质。他更像是原始基督。因为基督确立了自己的时间体系。这使得尼采必须通过轮回而确定自己的时间表。可见二人都是标准的时间主义者。正因如此,尼采所谓"敌基督"正是"新基督",即尼采通过"敌基督"而自命"新基督"。

《圣经》文体与尼采文体之间存在一种本质关联。这种关联之本质在于,它必然要产生一种深刻断裂。"上帝之死"完成了这种断裂,最终暴露出尼采的嫉妒。

原罪不是人与人的关系(因为他没有伤害他人),不是人与自我的关系(因为他没有背叛自己),不是人与物的关系(因为他没有破坏或占有财物),而是——仅仅是——人与神的关系(因为他违背了上帝旨意)。

原罪表示人和上帝之间存在某种关系。人对上帝意志的背叛意味着人之罪性来自上帝神性的赋予。其含义是,原罪表明上帝的一种能力。即上帝既能让人有罪,也能免人无罪。你没罪,我让你有罪;你有罪,我让你无罪。

凡宗教必有许诺。儒家让人成圣,道教让人成仙,佛教让人成佛,基督教让人得救。成圣是道德实现,成仙是肉体永恒,成佛是心性完满,得救是灵魂自由。所以,我喜欢耶稣。

对有神论来说,无神论不是一种真信仰;对无神论来说,有神论不是一种好信仰。

人要成为神,有三种选择:要么变成野兽,要么变成疯子,要么变成恶魔。但这样一来,人性就分裂成三份,神也同时具有了三副面孔。在这种情况下,我们无法判断,到底人上升为神,还是神堕落为人？

被人追求,自我显现,与人相遇,是上帝存在的三种方式。

被人追求意味着人完全可以不追求,自我显现意味着人也可以视而不见,与人相遇则意味着人必须面对而无法回避。

所谓信仰就是,在俗世中怀抱最深刻的绝望感。当绝望降临,他有勇气生存于**此绝望**之中,并对**此绝望**本身怀有神圣之爱。

信仰上帝意味着:当你陷入绝境时,信仰上帝不是给你指出一条新路,而是给你坚持走路的信心。也许最终你没有走出去,但这既不意味着信仰上帝的失效,也不意味着你信仰的不虔诚,只是意味着上帝与你同在,并已陪伴你走过了这一段路程。

信仰是冒险。这意味着,你不知道它是否值得去信,就已经信仰它了。而且,在信仰时,理性无法告诉你这样做是否值得。但这不等于说,信仰就是不管三七二十一逮着什么信什么。如果那样,信仰就贬值和变质了,而成了某种无所谓的苟合和混世。

没有信仰的民族没有资格否认上帝。主要的理由是它否认的根本不是上帝。

当我们有了"上帝"这个词之后,不再需要上帝了。或者说,当我们发明了"上帝"这个词以后,上帝不再存在了。

哲学和信仰联系在一起。失去信仰,哲学不再是哲学,而成为科学。所以,科学起源于哲学与信仰的分离。

上帝创造世界是必然论,世界本来如此是偶然论。必然论导致对自然规律的系统发现。如果把必然论贯彻到底,不但会发展出自然唯物主义,也会发展出历史唯物主义。悖论是,一方面相信历史必然性,相信历史规律;一方面却又极力撇清与上帝的关系。

如果世界本来如此,它就不会有意义。因为,一种本来如此的东西会有什么意义?所以,意义必须具有创造性。最高的创造就是创造世界。这样,唯有创世论能赋予世界以意义。

创世论与自然论在**逻辑上是等价的**,但在意义上不是等值的。

卷 十 一

从伦理学角度看,人和狗的区别在于:人是追求幸福的动物,狗则是幸福的动物。

和动物不同的是,人对环境的适应是通过创造自身器官来逐渐完成的,动物则是通过发展自身器官来适应环境的。

通向死亡的道路有许多条,生活却是通向死亡的最短捷径。

从生命到死亡,只需要一瞬间;从死亡到生命,却需要永恒。

创造是一副枷锁,人们戴上了它,却不知道自己是如何戴上的。

人性的极小值属于"人类"范畴,人性的极大值则超出了"人类"范畴,而成为"人"的范畴。即,人性的极小值是"类"的,人性的极大值是"非类"的。

人类是人的假关系表现。"人类"概念表明了假关系已经渗入人本身,表明人之关系的虚假性已达到最高程度,表明人之假关系的彻底化和绝对化。

在善人面前,恶人想:"我为什么要自卑呢?或许我们两个是一样的人。只要我和他换一下位置就行了。不过,这样一来,我可能会真的感到自卑。"

当人把驴子想象得过于聪明,比如和人一样聪明时,人实际上还不如一头驴子。因为驴子至少不会犯人这种聪明反被聪明误的错误。

对人来说,我们在生活中常常发现必须给自己所做的每一件事找出一个像样的理由。可我们往往忘记了关键一点,那就是,并没有人强迫我们必须这么做,是我们自己在不断地说服自己必须这么活下去。

对奴隶谈论伦理学是可耻的。任何一种伦理学也不可能使奴隶生活得幸福起来,甚至它不能使奴隶获得一点起码的幸福感。

幸福主要是一种感觉,自由则不仅仅是一种感觉,它还必须有一些更为重要的实实在在的内容。比如,一个身无分文的人说他非常幸福,这可能是真的;一个身陷囹圄的人说他非常自由,这肯定不是真的。因为自由是一种能够直接观察到的东西,幸福则不能直接观察到。所以,自由不自由不能光由自己说了算,还涉及与他人关系,还必须得到他人认可。幸福与否则完全由自己说了算,与他人无关。自己觉得幸福就是幸福,自己觉得不幸福就是不幸福。自由不然。自己觉得自由不一定真的自由,自己觉得不自由则肯定不自由。就是说,自由是比幸福更难把握的东西。自由人不一定幸福,但不自由的人肯定不幸福。

参照亚里士多德的伦理学,我们发现中国伦理学有一个最突出的缺陷,这就是,在亚里士多德看来,伦理学所说的人必须是"自由人",而不是"自然人",必须是城邦的公民,即必须是有政治权利的自由公民。就是说,只有具备自由意识、自由能力以及政治权利的人才能成为伦理学研究的真实对象。反观中国伦理学,它说的对象实质上是一种缺乏伦理学价值的"自然人"。这种自然人即便包含某种教化性和人伦性,但由于它毫无政治权利和政治自由,故而仍是自然人。所以我越来越怀疑那种从人的童年乃至幼年讲起的伦理学价值。因为儿童和少年都不是政治公民,它无法构成伦理学的真实对象。

西方伦理学的对象是自由人,中国伦理学的对象是自然人。西方伦理学的目的是把人塑造成好的公民,中国伦理学的目的是把人塑造成好的臣民。正因如此,西方伦理学特别强调人的尊严、权利、平等、自由、正义。中国伦理学则对此不感兴趣。某种意义上,中国伦理学的目的似乎不是想使人变得成熟,而是想法使人变得幼稚。不妨说,中国伦理学本质上更像是一种儿童伦理学,而不是一种成人伦理学。因为中国伦理学总是有意无意地把人的动机、愿望、心态、行为等都给儿童化了。

穿过黑暗的人,并不因黑暗已在身后就去崇拜光明。

尼采把人看成狗,但又不赞成人吃屎。所以,尼采把人定义为一只不许吃屎的狗。但这似乎并没有真正改变人性,因为狗仍然改不了吃屎。

一个人如果光说真话,那他很可能连话都不会说了。

一根火柴与一堆木材二者不成比例,但正是这根小小的火柴点燃了这堆庞大的木材。

如果我活着,并且仅仅知道我活着,那我也就什么都不能做了。

人不能幻想世界变成自己想象的样子,也不能要求自己对世界的看法和世界一致。这都很正常。如果这二者有一种成为现实,那世界就真要崩溃了。

当我们把浅薄弄得过于深刻时,那其实是另一种浅薄。因为深刻源于自身的内在深度。

缺乏人性是人存在的一个基本事实。指出这点,既不是对人的贬低,也不是对人性的拔高。它只是想说明:在人获得人性的过程中,人还有很长的一段路要走。

戴着镣铐跳舞的选择有两个:一是继续跳舞,一是想法解开镣铐。相对而言,继续跳舞是个人的事,而解开镣铐就不仅仅是个人的事了。

当罪恶是一个人时,我们会觉得这个罪恶很大。当罪恶是所有人时,我们会觉得这个罪恶很小。

我们吃饭时才需要端起碗,不吃饭时就可把它放在一边。我们大可不必在不吃饭时还一直端个空碗。如果那样,我们就把自己弄成了一个乞丐。

当我们试图思考人性,而必须设定一些绝对原则时,比如"人是什么什么""人应该如何如何",必须意识到,这里说的"人"是一个绝不可随意肢解或分割的整体。比如,一说"人有自由",就必须把人分成"好人"和"坏人",然后装模作样地质问,"坏人也有自由吗?"这类笑话之所以频频产生,乃是因为人们不懂思想不是算术,思考问题不能搞成加减法,似乎只有把问题分割得越细越好,似乎问题越细越显得具体,越具体就越精确,越精确就越容易操作,越容易操作就越容易解决。似乎只有采取这种步骤,才是正当的思想方法。否则,那些"抽象"概念以及那些"大而无当"的问题都是无价值的胡言乱语。这种说法是把思考问题搞成了算术的加减运算,似乎思考问题就是把概念加加减减,把大概念减成小概念,把"1"分成两个二分之一,然后再用其中一半去否定原来的那个"1"。但这种手段已经不是在真正思考问题,而是在篡改问题。在这种篡改下,已经没有什么有价值的问题可供认真思考。

人也许不是生而自由,但肯定人人都追求自由。区别在于,追求自由的方式不同。有人是赚钱,因为金钱可以使他去做自己想做的事;有人是谋权,因为权力可以使他支配他人;有人是求知,因为知识可以使他建构起一种更完善更美妙的理论体系。

其实,真正的自由应该是从各种不同的自由中所产生出来的一种平均值或平均度。

人从本性上固然会要求自由,倘若没有自由人也能活下去时,人对自由就不会有太多的需要和热情,人就不会再去积极地追求自由,特别是当这种对自由的追求还会给自己的生存带来种种显而易见的不测之祸时更是如此。所以,绝大多数情况下,对绝大多数人来说,自由都是一种具有极大伸缩性和可变性的东西,而绝不是一种不可阙如的必需之物。人既希望有自由,却又不愿为自由承担风险和责任,更不愿意为自由付出代价和牺牲。

这既是人性的软弱之处,也是自由的脆弱之处。正因如此,自由迟迟不能降临到人身上,而人至今也不能获得真正的自由。本质上,人要想获得一种自由,必须有勇气有能力再创造一种自由。要想创造一种自由,人必须首先有勇气有能力承受一种新自由带来的种种危险和灾难乃至厄运和恐惧。缺乏这种基本意识,人永远不配得到自由。

人类不可能没有敌人。即使没有敌人,人类也会制造出一个敌人。这意味着,**敌人是人类自身的一种天性**。敌人的存在就是人类的存在。敌人不光是人类存在的一个条件,也是人类自身的一部分。所以,尊重敌人就是尊重自己,尊重自己的敌人就是尊重人自己。

人生最大的不幸是拿自己一生的幸福来开玩笑。

看到一个人,我会想:他为什么会是一个人呢?
看见一条狗,我会想:它为什么不是一个人呢?

一盏灯点到天亮,这是否意味着我们已经战胜了黑暗?恐怕不能这么说。我们只不过刚从黑暗中走出来而已。但身后的黑暗距离我们并不远,而前面的黑暗距离我们更近。因为我们正向它走去。

堕落无法终止。问题是我们能否把绳子剪得更短一些,而不是我们能否把绳子抓得更紧一些。

人们可以不远万里地去攀登一座高山,却不会千里迢迢地去观赏一个盆景。因为前者是大自然的存在,而后者则是人为的小玩意。

一具尸体再庞大,它需要的也只是一只棺材。一个生命再幼小,它需要的也绝不仅仅是一个房间。

一段典故:二程遇妓,小程无谓,大程介意。小程笑大程:"你眼中无妓而心中有妓,我眼中有妓而心中无妓。"于是,二人境界立分高下。

不过,如果我把这里的"妓"换成"痛苦",那么,含义就大不相同。因为,一者是眼中看见痛苦而心灵感觉不到痛苦,一者是眼中没有看见痛苦心灵却感觉到了痛苦。如此一来,原有的境界高下须颠倒一下位置。高者为低,低者为高。

人性的极小值:人好到什么程度是有限度的。人性的极大值:人坏到什么程度是没有限度的。

就是说,**人性的极值**包含双重含义,即好的有限性和坏的无限性。这意味着,人可能成为最好的人,但永远不能成为最坏的人。

你可以把一头猪吹嘘成一只野猪,但你又怎么能够把一头猪吹嘘成一只老虎呢?

卷 十 一

如果生活本身是一个错误,人又何必在意自己犯的各种错误呢?因为不论人是否犯错,他所做的一切都是错误的一部分。

当人们随便从河里捞起一块石头时,它总是那么光滑、圆润,甚至可赏可玩,但谁又能真实地想象出这块石头原来那种有棱有角的粗糙模样?又有谁能真切地感受到它最初那种未加雕饰的朴素质感?

我们从来不会问这样的问题:为什么所有的动物没有"进化"成猴子?为什么所有的猴子没有"进化"成人?

这仅仅因为人和动物的不同,还是过于人为地夸大了这种差异?

人有两个老师:兔子和乌龟。
兔子教会人以速度追求人生,乌龟教会人以坚韧忍受人生。

任何一种复杂的理论(宗教、哲学、伦理等)都是对人的一种简单分类。

没有什么真正的自我。只有各种不是自我的东西在使(自)我自我化。

最大的宽容就是不宽容任何一种形式的不宽容。

如果孤独是远离他人,那绝不是孤独。因为他在远离他人时,更多地走近了自己。自身恰是一个自足、独立、完整的世界。能真正走近自己非但不会孤独,反而充实和完满。

动物饿了就会吃,人饿了不光要吃,还要为吃找出一个理由。哪怕这理由就是为了更好地吃饭,即吃饭的目的就是为了能吃到更好的饭。可见人生离不开意义。

尼采的井盖

弱智思维的一个表现是,总爱把一种正常的东西说得很别扭。比如,按照别人希望的那种样子对待别人。这种说法表面看来较之于"己所不欲,勿施于人"更平等,更少自我中心色彩。但实际上却更不可行。因为它实质上是一种"奴隶伦理",即别人让我怎么做,我就怎么做。

"狗眼看人低"这句话对应的不可能是"人眼看狗高"。这说明,"狗眼看人低"不是狗的看法,而是人的看法。

把自己的自由出卖给另一个自由人,是对这个自由人之自由的损害。因为他要求这个自由人放弃自己的自由,而由一个自由人转变为一个奴役者。因为当一个自由人有能力也有机会奴役另一个人时,他已不再是一个自由人。因为他接受了原本不属于自己的自由,从而变成一个自由的独裁者。

所有人选择自由,或所有人选择专制都不是意志自由的正常表现。但可以断言,基于意志自由,会有越来越多的人选择自由。这正体现了自由意志与自由本身的合理互动。

不能凭借自由意志而作恶,是最大的恶。人之为人不在于他行善还是作恶,而在于这种善或恶是否出自于他的自由意志。丧失自由意志的抉择,行善便是作恶,最大的善只能是最大的恶。

在一具腐烂的尸体上,连一个干净的细菌也不会有。

被阉割过的头脑甚至比收割过的土地还要苍白。

一个问题:一只羊在一群狼中怎样变成了一头狮子?或,在狼群中,一只羊怎样变成了一头狮子?
前提:将一只羊抛进狼群里,可能会有几种结果?

无论狼掉进羊群,还是羊掉进狼群,都是一种解构。

我们在理发时一般会考虑到理发师的专业水平,而愿意掏更多的钱去把我们的头发交给一个手艺更高的理发师来修理。可有谁会认真到在被砍头时还要坚持找一位更具专业技艺的刽子手来为自己行刑呢?(这里不考虑能否选择的问题)某种意义上,砍头不是比剪头更重要吗?它产生的后果不是更严重吗?可问题在于,这种重要性和严重性已经远远超出了正常限度,而达到极限,故而不必考虑或无法顾及,从而必然使之丧失其全部意义。

不要把自己想象得和别人不一样。但禁止这么做就已经使得你同别人确实不一样了。

"道"者,导也。它非静态之程序,而是动态之过程。它引导人去行走、远足、探险。但人是否能最终走到自己的目的地,它并不负责。所以,"道"非"到"也。道乃引导而非到达。

我们虽能计算出自己脚下的这块土地有多大,却测量不出它究竟有多深。这意味着,某种意义上,与长度、广度乃至高度均有所不同的是,深度是一个近乎无限的存在和概念。

人性即你是你自己,自由即成为你自己,真理即认识你自己。

我具有人所有的一切,所以我必须成为自己(人性);我始终都是不完善的,所以我必须改变自己(自由);我对自己所有以及可能的一切均是无知的,所以我必须认识自己(真理)。

人性意味着活得真实,自由意味着活得自在,真理意味着活得有意义。

幸福的两条定义:(1)不要勉强自己吃自己不喜欢吃的东西,

(2) 不要勉强别人吃自己喜欢吃的东西。

人不会与猪狗争食，却免不了要与苍蝇争食。这个经历谁都有过，但没人把它当成经验。这说明人对经验还缺乏自觉。

百万富翁的痛苦和乞丐的痛苦肯定不是一回事，二者也不具可比性。当然富翁的痛苦也说不上比乞丐的痛苦更深刻。但这并不排斥这种可能：富翁能理解乞丐的痛苦，乞丐却无法理解富翁的痛苦。当然这也不等于说，富翁的痛苦更具有某种形而上的精神性质或心灵性质，而乞丐的痛苦似乎更多属于某种形而下的物质性质或肉体性质。

始终意识到人的伟大是伟大的，始终意识到人的渺小也是伟大的。即使我们不便说它更伟大，但它至少同样伟大。

侏儒即使侥幸爬到巨人肩上，也未必就比巨人看得更远。

他用了一生的时间来磨自己的刀子。这把刀子称得上锋利无比，没有一星半点的锈迹。但他始终不知道刀子有什么用。所以，他一直找不到放刀子的地方。

他只是在不停地磨刀子，但从来不用刀子。因为他根本不知道刀子有什么用。他只是把刀子当成一件需要不断打磨的东西。至于刀子能用来干什么，他并不关心。他只知道自己把刀子磨完了。这样，他的生命就消磨在磨这把刀子上面。

对理解一个人来说，弄清他最想得到的东西是什么不重要，重要的是弄清他最怕失去的东西是什么。

人人都有了一件"皇帝的新衣"。人人都不再关心和迷恋他人的身体，反正彼此都一样。没有观众，没有喝彩，没有欢呼，更没有惊奇。人还关心什么？还需要什么？恐怕是谁也说不清的问题。在这个时代，除了身体，还有什么值得炫耀？身体曾是一个秘密，现在却成了一览无余的东西。人人都能看见他人的身体。在皇帝的新衣下面，满街都是裸体者。不妨说，满街都是（不穿衣服的）皇帝。在这个时候，童话作者早已死去，童话主人也已衰老。聪明过度的人类也许还需要向童话学习一点什么东西。

在生活中没有什么比生活本身更让人难以忍受而又挥之不去，在生活中没有任何东西比生活本身更使人无法忍受而又难以割舍。这是生活的悖论。

人进来了。他开始工作。不久，他睡着了。过了很长时间，他醒来了。他想出去。于是，他不见了。

问题不在于"坏人何以如此之坏"，而在于"人何以会坏到这个地步"。

用"人"来谈论人毫无意义。因为二者不是一回事。

人可以创造奇迹，但人不能创造自然。所以，自然高于奇迹。

嫉妒的表现之一是，我们几乎不可掩饰地嫉妒那些说真话的人，而同情那些说假话的人。我们常常为自己说了真话而感到由衷的内疚，同时却为自己说了谎话而感到莫大的坦然。

幸福不可能成为医治痛苦的良药，除非你把痛苦本身当成幸福。

一个人的美丽不在于他是否经常或善于照镜子，而在于他从不照镜子，甚至在于他从不知镜子为何物。或者，如果更彻底一点，在于他要打碎所有镜子。他是一个专门打碎镜子的人。

尼采的井盖

一个人刚走上舞台,肯定有些害羞和胆怯。他不敢正眼看观众,因为他以为所有人都在盯着自己。时间一长,他才变得泰然自若。他发现并非所有人都在观看自己,可他反而能自由自在地观察每一个人。

当所有人都转过脸背对你时,你应该明确意识到现在你正直接面对着世界。正是由于他们将自己的脸背过去,你才得以可能直接看到整个世界。他们的后脑勺没有挡住你观察世界的视线,所以你不应该咒骂他们全是些不要脸的人。

石头虽然不会说话,但石头撞击发出的轰鸣,却足以淹没人类的蝇蝇之声和窃窃私语,并使之震耳欲聋。

石头虽然不会发光,但石头撞击闪出的火花,却足以照亮黑暗和燃烧世界。

深刻就像一把双刃剑,有时它既会刺伤别人也会刺伤自己。所以,必须把它装进一只浅薄的刀鞘里去。

与其说天才是忍受痛苦的能力,不如说天才是感受痛苦的能力。

幸福是人的事情,而且仅仅是成人的事情。严格说,儿童是不幸的。世界上不可能有幸福的儿童。因为,儿童感觉不到痛苦,也理解不了痛苦。

就人类来说,没有幸福的儿童;就个体来说,没有幸福的童年。

一个人不能太正常,否则,他会变得不正常。

死对人是一种奢侈,所以人不轻言死。

人无须死于道德。

卷 十 一

死于道德,不能证明人的高尚。

每个人都是一个有可能将世界打开缺口的世界者。

一种生活或制度如果与人性的基本要求相差太远,就会反过来证实这种人性本身是不合理的。

人们宁可把生命弄得痛苦一些,也不想把死亡弄得幸福一些。所以,对人来说,痛苦的生命较之幸福的死亡反倒是一种更大的幸福。

如果一个人说"我很痛苦",我会同情他的痛苦,但我确实感觉不到他的痛苦。如果我对他的痛苦不表示同情,别人会责备我,我自己也会感到愧疚。可是,如果我对他的痛苦缺乏感受,别人却无法指责我,我自己也会觉得理所当然。可见,同情不是一种真正的感情,只是一种理智,而理智会犯错,所以它应当受到责难。而感觉仅仅是一种感觉。不管感觉可能是什么,反正它与理智无关。所以,我们无法从理智的角度指责感觉。

我们究竟用一把什么样的秤才能称出人类痛苦的重量?如果找不到这把秤,是否意味着人类的所有痛苦都没有价值?是否意味着人类所有痛苦的真实价值永远无法得以衡量?

井底之蛙天天叽咕地面上的毒蛇猛兽和豺狼虎豹,而满足于自己的天圆地方自成一统,除了自我灭绝,有何意义?

以前是做贼心虚,现在是做人心虚。这并非说,人已堕落为贼,而是说人已不可能。

堕落就是落到地上。堕落只能落到地上。难道还有比大地更适合让人堕落的吗?相反,地狱并不表明堕落,地狱只是堕落的终止和停止。即，人们再也无法更彻底更深刻地继续堕落了。所以，地狱标志着堕落的结束。天堂则始终是堕落的起点。从天堂堕落到大地，就有了人。人不是来自天堂，而是源自堕落。

当人们不再年青时，会对生活作出新的判断：生活原不是给人们准备下的礼物，只不过人们碰巧遇到了生活，便只好利用生活来达到自己的目的。于是生活具有了人的含义。但生活远不是人们计划的一部分。

回忆是另一种梦想，或者说，是梦想的另一种形式。人们往往在回忆中，开始幻想未来。回忆中的过去其实是幻想中的未来。

人们回忆过去，但回不到过去。于是，未来在回忆中遥不可及。这恰是其魅力所在。

老子云"民不畏死，奈何以死惧之"，其实不确。即便人不怕死，也可能被吓死。怕是什么？怕是心灵中最脆弱的那部分。**什么都不怕的人其实是什么都不是的人**。一无所惧者其实是一无所知者。但这不意味着怕是一种理智。在情感、理性、道德、信仰、意志之间，找不到怕的准确位置。怕不能从反面定义，只能从它本身定义它。**怕不是没有勇气，而是没法勇敢**。所以怕不等于胆怯或懦弱。怕是因为人无法克服人性。怕是因为人性脆弱，就像瓷器，脆弱是其本质，而非其他之故。

对死有三种态度：怕死，不想死，不知何时死。自杀一举解决了这三个问题。所以，自杀是一种本体论。

我的哲学是给人一种决断死亡的能力。

人总喜欢替动物思考，然后自问自答。这种自娱自乐的语言游戏让哲学家乐此不疲。他们似乎从中找到了爱智慧的证据，甚至是智慧。

卷十一

除了从人的角度思考人，人无须从任何一个特定角度判断事物。比如，无须从政客角度评价政治，无须从牧师角度评价宗教，无须从诗人角度评价文学。

"没有天生的坏人"这句话毫无意义。它等于说，没有人死后还能作恶。

阿伦特说的"平庸的恶"，固然指称党卫军官那种盲目服从上级的"无思"行为，同时则可能含蓄地暗指海德格尔那种效忠领袖的另一种貌似"有思"的"无思"。同时，海德格尔后期某些涉指具体政治事务的简略评论，也可以看成他对阿伦特政治思想的某种含糊回应。比如，他在《哲学论稿》中的某些评论，即可作此理解。

世界不是糟糕的，而是不完美的。人是其中一部分。其特异处在于，他是意识到这种不完美性的唯一者。其悖论在于，人越是努力改善世界，越是距离完美世界更远。就如同，人越是求知，越是深感无知。知识半径的增大，只是扩大了未知世界的边长。

对付井底之蛙的最好办法是，给他一个井盖，使其在坐井观天中自慰至死。

人性善恶之辨终究是一孔之见。本质上**人性色**。善恶只是其中的不同色素。孟荀二子的通病是，首先各抒己见地夸大了善恶色素在色中间的不同比例；继而又将某些并非善恶的东西，比如美味、美色、美服等归纳于善恶范畴；最后再把色素视作色本身。其实，色本身是一种无色的中和状态。好色同善恶无关。真正的好色是一种超越善恶的人性中和。比如，一盘菜炒好了，虽然可以看出这是一道什么菜，但谁能分清其中的油盐酱醋等不同成分呢？

皇帝的新衣是没穿衣服却被人说成穿了衣服，透明紧身衣是明明穿了衣服却被人视而不见。二者的问题显然都不是出在眼睛上。

但前者害处不大,一个裸体能有多大坏处?至少不违反自然。后者则不然,因为它违背了人性。

限制人说话不好,强迫人做好事不是好事。
不限制人说话,是积极自由;不强迫人做好事,是消极自由。

如果一个人追求自由而失去自由,这本身就是在追求自由。

如果一个病人治病时,总担心药有副作用,总怕药物会杀死自己身上的好细胞,那他最好的结果就是在家等死。

悲观者无法真正理解悲剧。

没有一个骗子为了骗别人先来骗自己。

人类心理的悖论是,看到一个东西太不像自己时,会感到害怕;可有时,看见一个东西太像自己时,反而更加恐惧。

如果每个人对自己身体有唯一的发言权,医学就没必要存在了。反之,如果医生对人们身体有唯一的发言权,人人都将成为病人。事实上,每个人的身体都是自己与他人持续争夺的场地,平衡随时都会被打破。

我们以自杀的方式等待他人死亡。这意味着,我们肯定先死。

没人愿意待在一座光有纪念碑却没历史、虽有鲜花却无芬芳的城市。当然,对这种城市的建造者来说,这不是问题。因为他早已替你作了选择。

道德中心主义实质是自我中心主义,道德至上往往是自我独尊。所以专制主义总喜欢唱道德高调,以道德定罪。

人可以装死,但不会装活。人虽不能装活,但可以苟活。所谓苟活是指,人在不能过上自己理想的生活或正常生活时,所作的一种被动选择。本质上,这种选择不仅无奈,而且是对无奈的屈从。所以它具有某种可悲性。

一个人一生都在准备自杀。但直到死,他才放弃了自杀。这样,自杀成为他死前的临终之梦。

"吾爱吾师,吾更爱真理"说得真好。"吾爱真理,吾更爱自己"说得更好。因为,真理并不可爱,当然也不可恨,只是可用。实用主义真理观似乎很难完全避免。但这只是一面。真理既是工具,也是价值,但都不具有必然性,也不高于人。

爱真理会使人丧失对真理的应有警惕,由此成为真理的奴隶。真理的奴隶就是自由。自由的奴隶是什么?追求自由也会迷失本性。最终,人成为人性的奴隶、自我的奴隶。可见,奴隶实乃人之宿命。

真理是一个整体。选择一个真理,等于拒绝所有真理。这个悖论,是真理的本质,也是自由的本质,归根结底,是人性的本质。

当真理的每一部分都被谎言覆盖时,会产生两个判断:真理的每一环节都包含有谎言,每一谎言都包含有真理。

说出一半真理是前人的事,说出另一半真理是我的事。现成的例子是,他人是地狱,自我是魔鬼。

为了逃避他人的地狱,我们必须使自己成为魔鬼。或许,事情正好反过来。由于自我是魔鬼,我们才能免于坠入他人的地狱。

信任是人对人的承诺,信念是人对事的承诺,信仰是人对神的承诺。

儿童的笑使盲人复明,使常人失明。因为他知道自己早已不会这么笑了。

人总拿动物说事,同时却又自说自话,用自己的想法代替动物的想法,从而替动物作出选择。人们管这种话语叫作寓言。显然,动物听不懂这些。

人论述自己的独特本质时,总爱拉动物作陪绑,以证明这种本质只有人有,动物没有。这究竟是人的自信还是人的自卑?

掩饰浅薄的有效途径就是显得深刻。

刻意深刻的结果是我们丧失了最后一点浅薄的美德。事实上,我们确实浅薄。但我们从未获得过相应的美德。这只是因为我们从不知道什么是真正的深刻。

一旦深刻变成优美,深刻也就成了装饰品。

只有迷路时,我才感到自己是个路人。所以路人对我有着特殊意义。

道德主义者很难同时是一个客观主义者。道德感过于强烈的人,我很怀疑他们自传的真实性和客观性。

道德是人对待自己、对待他人的态度。道德是人的行为和要求。道德之所以不具有超越性,是因为人自身不具有超越性。

一杯水渴死了外国女友。他发誓不再用茶杯喝水。于是,他成了一个水管、一条小溪、一口清泉。终其一生,他与水为敌。所以,他不是仁者。乐山恨水是其本性。

卷 十 一

我昨晚(2006年12月19日夜)做了个梦。我房子的门锁得好好的,可我突然发现,房子后面的墙壁有个很大的洞,像门一样大。紧挨着洞口,是一个卖肉的摊子,而且正在卖肉。我很奇怪,墙上怎么会有这个洞口?以前怎么没发现?我试图找些木条把洞口挡住。发现不行。更让我吃惊的是,我发现整面墙壁都是空的,就是说这面墙根本不存在。这面空空的墙外就是马路,人来车往。我更奇怪了。我怎么会住在这样一所房子里?

醒来后,我倒觉得,我怎么会做这样的梦?

其中的寓意可能是,房门虽然是好的,但墙壁已经出了问题,这使得房门已变得毫无意义。这个问题是如此严重,以至于整个房子本身已变得绝对荒谬。

在跑步机上跑得再快,也不能前进一步。问题是,谁成了我的跑步机?更可怕的是,我是否成了自己的跑步机?

人制造了一个理想,又把这个理想视为与自己势不两立的敌人。然而,在与敌人作战中,人却成为敌人的俘虏。可怕的是,在理想这个敌人面前,人大都心甘情愿地束手就擒。一旦沦为阶下囚,人的理想就实现了。人没理想时,仿佛是靠理想活下去;人有理想时,却又仿佛是靠生活活下去。有理想的人从不觉得理想是一种负担,倒是那些从没理想的人总觉得理想是一种负担。

理想与生活的关系可以表述为:有理想的生活也许不能使生活多些什么,但没有理想的生活肯定要使生活少些什么。

黑暗是盲人发现的光明。透明黑暗是常人发现的光明。

黑暗的透明化意味着,视觉已毫无意义。视觉的最佳状态不是盲人摸象,而是常人摸象。盲人摸象是因为盲人看不见,只能手摸,结果就把自己偶然摸到的一部分当成大象。于是大象就变成了一种奇形怪状的东西。如果盲人把各自摸到的东西拼接起来，能否想象出大象的真实模样？较之盲人摸象，常人摸象与其说是反讽，不如说是悖论。因为常人看得见。问题是，即便常人看清了大象的轮廓和细部也无济于事。因为在人的视觉中，大象已完全透明。当你看清一个东西时，它就会变得透明。这样，你仍一无所见。因为所见之物已隐入黑暗。

可见透明是黑暗的本质，黑暗是视觉的本质。于是，你只能以黑观黑。**认识论的黑见黑源于本体论的黑吃黑。**

每个人在阳光下的位置都不是灯笼或蜡烛所能确定的。

在一个平庸得使人几乎发疯的世界里，疯狂肯定是最不平庸的表现。

一个人要生存，就需要一些基本的东西；他要想生活得较好，就必须获得较多的东西；如果他要想生活得优越，就必须拥有更多的东西。这样，我们发现，越走向生存的深度，越是受到物的包围与支配，以至于在生存的最底层，差不多完全是由纯粹的物组成的。因此，基本的结论是，生存的物化程度一般与生存的深度成正比。

流氓作为一种生活方式和价值观念，古已有之，并不与任何一种道德体系相对立。流氓主义作为道德主义的翻版，总是在以各种不堪入目的形式重复着道德的精义和召唤。本质上，每一种道德都包含流氓性的要求，每一种伦理学都是对流氓的证明，每一部文学作品都是对流氓的肯定，每一种艺术形式都体现着流氓的价值理想。

人为什么喜欢到感性物里寻找有关价值的虚妄根据？

天才是一种惩罚，是对常人的惩罚；同时，天才又是一种自虐，是常人的自虐。

和人的性欲比起来,动物简直就是性冷淡。

单独个人的行为是理性的,集体行为却往往是非理性的。原因在于假关系。假关系使建立在人与人关系之上的社会行为变成了荒谬和悖理的。

人总要把自己的自私表现出来,同时,人总要把自己的嫉妒掩饰起来。人愿意承认自己的自私,却不愿承认自己的嫉妒。

人们讳言嫉妒恰恰正是一种嫉妒。

人们习惯将自私视为一种天性、一种人性,而将嫉妒视为一种人格、一种性格。由此产生了高下之分。人们可以用普遍人性来为自己的自私作合理性辩护,同时又用独特性格来解释自己不属于嫉妒者之列。就是说,人们大都承认自己具有自私的人性,而否认自己具有嫉妒的性格。换言之,在人性意义上,人们对自我(的自私)是肯定的;在性格意义上,人们对自我(的嫉妒)是否定的。

人性之恶不在自私,而在嫉妒。嫉妒恶于自私。嫉妒之恶恶于自私。

假如一个人终其一生都生活在一个完全封闭的山洞里,究竟会怎么样?

我们既无法想象他,他也无法想象我们;我们既不可能意识到他,他也不可能意识到我们。

所以,我们这么说本质上不可能不是一种纯粹无意义的假设。问题的真正意义在于,我们究竟为什么会产生这种近似无聊的假设?

事实上,它意味着,在一个完全封闭的山洞和洞外的世界之间不可能存在着任何一种形式的客观中性者。我们要么在山洞里,要么在山洞外。但无论如何,置身其中的人完全不知道对方的存在。因为他们从不知道还有"对方"这种概念和事物。

天才对常人的要求不高,但对自己的要求却高于天神。所以,天才就成为最可能接近天神的人。

弱者的生存之道多于强者的生存之道。强者的生存之道只有一个,即凌辱弱者。弱者的生存之道却很多,除了崇拜强者或反抗强者,还有欺负比自己更弱的弱者。如果没有更弱的弱者,也要制造出一个更弱的弱者,或幻想出一个更弱的弱者。其实,这种更弱的弱者从来就不缺乏。比如小孩折磨小动物,就属弱者游戏之一种。弱者游戏可以近乎无限地扩大弱者世界的边界。像踩死蚂蚁,便是习以为常的弱者行为逻辑。至于自虐即是把自己或身体的某一部分想象为一个更弱的对象加以虐待,以此获得心理满足。可见自虐是一种利用自己身体制造痛苦的特殊行为艺术。某种意义上,行为艺术无不具有自虐性。

相对强者,弱者更有可能说真话。这并非因为真实能让弱者变得强大,而是因为真话是弱者自我保护的最好武器。

当人与人之间无法证实说谎时,就会产生友谊和信任。

一个人是君子,两个人是小人,三个人里就有一个道德家。所谓三人行,必有道德。

人人都需要维护自己说谎的自由,故而,谁也不情愿拆穿别人的谎言。谎言就像食物链,具有高度的相互依存性。

意识是人的一部分,意义却是人的全部。

如果不是孤独,人是不会把自己从他人中间区分出来的。在人群中间,无差别感造成了虚幻的集体满足感。

人居住在地上而非天上,但是否土地就比天空更贴近人?

卷　十　一

人们会说"我爱上帝",但不说"我爱宗教";人们会说"我爱艺术",但不说"我爱道德"。在此意义上,"我爱历史"就很难说出口。因为"我爱历史"差不多等于"我爱自己"。

人只需说很少的话就能走出沉默,反过来,人却需要说很多的话才能回到沉默。

如果你不想被他人欺骗,你就必须寻找借口欺骗他人。

想象一下:
一个人受了许多苦,却没一个人知道;
一个人活着,又没一个人知道;
一个人死了,仍没一个人知道。
于是,他平静了;不,他怕了;不,他疯了。

人性的极小值是个已知数,人性的极大值是个未知数。好比我们虽然知道"1",却不知道"1"最终通向哪里。

就目前而言,人只能理解人性的极小值。

"人是万物的尺度"意味着人是人的尺度,同时意味着没有什么是人的尺度。

对人来说,如果人是自然的,一切都是自然的;如果人是非自然的,一切都是非自然的。

人宁肯为满足而感到幸福,也不愿为幸福而感到满足。

人类不仅要自治,还要自救。自治是政治能力,自救是终极要求。

人失去历史可能性时,他会成为史前物;世界者失去意义可能性时,他会成为世界物。

卷 十 二

有些问题好像是这样:你我各自都知道这是怎么回事,但你我两人在一起就什么都不知道了。

一个小常识:凡是打鱼,不论在小塘,还是在河里、湖里,更不用说在海里,都不可能事先把水放干。因为那不叫打鱼,只能叫"拾鱼",好比一条被海浪偶然抛到沙滩上的鱼而又碰巧被路过的游人随手拾到一样。谁会把在海边捡到一条鱼叫作"打鱼"呢?所以,打鱼必须下水、下海。而且,更重要的是,既然不可能把河水或海水放干,那我们打上来的鱼必定带有浓浓的水腥味和海腥味。只有这种鱼才是属于江河和大海中的生命,而我们也才配得上"打鱼"这种说法或"渔民"这种称呼。

真正的问题是"何以有",而不是"何以没有"。比如,我们只能问"人何以从动物变为人",而不能问"其他动物何以没有变成人"。这并非因为前者有解而后者无解,而是因为前者首先是一个事实,后者则不是任何事实。

可问题是,事实不会自然增值。仅仅关注事实,事实也会稀释。可见问题并非源于事实。不用说,我似乎制造了一个悖论。其实,从问题是事实到问题不是事实皆可成立。因为,事实不明是一个问题,事实明了又是一个问题。在问题和事实的关系上,不是问题跟着事实走,而是问题追着事实走。于是,事实越来越多,问题也越来越多。

人们期待用事实解决问题,甚至消解问题,完全不明问题本义。问题不是为了阐明事实,也不是为了发掘事实,甚至不是为了制造事实。事实上,事实不是中心,问题才是中心。不是问题绕着事实转,而是事实围绕问题走。不是事实多了,问题就少了,甚至也不是事实多了,问题也多了,而是事实多了,问题更多。问题不会越来越少,只会越来越多。问题甚至多过事实。问题的增长超过事实的增加。如果有一天,问题完全覆盖、压制了事实,就会是另外一种荒谬。一旦问题的喧嚣压倒了事实的声音,只能是一个新的悖论。本质上,问题和事实之关系,不是因果关系,而是悖论关系。

讨论中国问题时,不能将个体中国人的态度同全体中国人的态度混为一谈。因为,许多时候,所谓全体中国人实际上是一种拟人化的国家意志。它是一种将个人意愿夸张为国家意愿的不伦隐喻。比如,个人可以说,你再好我也可以不要。不管这个"你"是物质商品还是精神产品,也不管"你"是道德说教还是善意帮助,抑或是真实的人。但国家就不能这么说。因为说了等于白说。可见,个人间的原则是自愿,国家间的原则是强迫。这说明,国家比个人更少选择。不明此分际,混淆其界限,就会产生弱智人文主义。特点是,貌似理性,其实不智。

杨朱为何哭泣于歧路?因为歧路象征着道裂。杨朱哭的不是路,而是道。

合理主义思维既有最大的包容性,又有最大的独断性。包容性意味着它有能力最大限度地吸收对它有利的东西,独断性意味着它没有能力产生彻底否定自我的批判力量和超越精神。

再高的山峰也有其悲剧,这就是,它知道自己永远也不能超越大地。

尼采的井盖

孤独就像钻头,它总是独自深入地下,而不理睬地面上的鼓噪与喧哗。

一些最基本的问题总迫使我们不断地反复思考它。尽管如此,我们也很难有多大进展和提高。我们似乎总是在同一个起点上前后徘徊。我们从它出发,但又不知不觉地回到它。在这一过程中,我们究竟得到了什么?

也许有,但很难说。或许这正表明了基本问题的特有魅力。它抓住人们的思想,毫不放松,反而施加越来越大的压力,迫使人们寻找和尝试各种方式和途径来解答它。但它始终存在。它的存在方式类似幽灵。你看不见它,却能异常真切地感觉到它。它的存在超乎视觉和言语,而只能用心灵去感觉。这种心灵之感觉是一种本真的思想过程。但其结果往往给思想造成一种强烈的挫折,即思想对此基本问题依然束手无策。

我们当然可以不断思考,但这并不能使我们更接近问题本身。因为问题常常拒绝我们。

视觉是一种力量。

一种说法是"我看不见月亮时,月亮不存在";一种说法是"我看不见月亮时,月亮也存在"。

在这里,视觉充当的是一种认识论的感官。视觉的价值在于成为见证某物存在与否的证据。但视觉本身却没有什么特殊的力量。

其实,真正重要的是,我一看见月亮,月亮就已不再是原来的月亮。

因为月亮进入我的视线,已经被我的视觉赋予了一种新的含义。这种含义将改变月亮的原有状态。这句话的意思是,我看见月亮时,月亮和我视觉中的其他东西一起构成了我经历的世界。这个世界与其他人经历的世界不完全一样。所以,在不同人的不同世界中,月亮具有各种不同的含义。这种含义被视觉赋予,月亮也因为这种不同的含义而改变其原有状态。

我相信,视觉不单是认识和观察世界的手段,更重要的是改变和塑造世界的力量。因为我们生活在一个能够看得见的世界中。看得见意味着存在。我们通过看把世界变成了我们目前这个样子。

用你自己的眼睛去改变事物。

在整体形成之前,单纯的部分之总和并不能构成整体。整体一旦形成,即使缺少某一部分,整体的基本性质仍然不变。

对整体来说,局部的真实往往是虚假。当然,如果在把握整体之前,局部的真实还是能够成立的。即,局部的真实只是局部意义上的真实,它永远不涉指整体。整体真实是另外一种东西,它与局部真实无关。

一切深刻的问题都源于我们试图把握整体。**所谓整体,就是本身之意。**哲学的惊奇主要是一种整体感。本质上,它主要是对整体产生的敬畏。

常识能解释一切问题,却不能真正理解一个问题。常识的特点是把问题的棱角打掉,把问题抹平,把所有问题都抹杀在同一个平面上。

常识不能使事物成为最好,却能使事物避免成为最糟。所以,一般而言,常识只是一条中线。有了它,并不起眼,但没有它,最好与最糟就会混为一团,失去起码的判断条件。

为了把问题完整地保持下去、坚持下去,必须使问题的重量大于常识和经验的浮力,这样,问题才能沉到常识和经验的海底。同时,只有使问题沉到常识和经验的海底,才能测量出常识和经验的深度。

思考不是说出一个事实,而是**给出**一个事实。给出一个事实就是提出一个问题。

批判一个事物不意味着拆散一个事物,而是意味着穿透一个事物。

从无出发思考问题,或把一切问题最后都追溯或还原为无,是上帝思考问题的方式。从有出发思考问题,或把一切问题都还原或落实为某种有,是人思考问题的方式。

对上帝来说,"无"是绝对的。对人来说,"有"是绝对的。所以,上帝总喜欢把世界彻底毁灭之后再重新创造世界。人则不然,再糟糕的"有"也要比最完美的"无"更好一些。

如果人提出的问题只有上帝才能回答,那对人来说就没有任何意义。一个过于"深刻"的问题是一个没有意义的问题。

任何一种理论,其前提和结论都极为简单,唯一的复杂性在于必须通过一种漫长而曲折的方式把前提和结论合理地连接起来。

问题好比鱼饵,知识好比鱼。没有鱼饵,鱼不会上钩。同样,没有问题,也不可能合理地将知识组织起来。因为知识不是无缘无故地胡乱堆积在一起,而是按照不同的核心问题而有机地建构起来的。所以,在庞大的知识体系内部,核心问题往往只有那么有数的几个。基本问题总是有限的,知识则是无限的。所以,问题的形成往往比知识的扩张慢得多。只有当知识积累到一定程度,真正有价值的问题才会从知识体系内部爆发性地产生出来,从而给知识以新的定位,并有力地推动知识在更高层次上向新的领域拓展。

厨师可以要求自己把菜做出最好的味道,但不能奢望自己能做出最好的菜。

卷 十 二

水面和水的关系真是奇特。虽然确有"水面"这种东西,至少有水的地方,人们都能看到水面的真实存在。但谁也无法真正触及水面。因为人和水的关系只能有两种,要么在水中或水底,要么在水面之上或水面之外。但人就是不能直接碰触水面。因为一接触水面,实际上已经进入水中,而不是水面。所以,水面之于水,似有若无。人人都能亲眼看见它,但没一个人能亲手触摸到它。

没有基本事实,但有基本命题。这样一来,基本命题本身就成为一个问题。

一个问题:我们究竟需要多少事实才能说明一个假设?反之,我们究竟需要多少假设才能说明一个事实?

反驳思辨的正当方式不是实证,而是论证。换言之,除了逻辑,事实一般对思辨无效。

定义一个事物接近命名一个事物,命名一个事物接近创造一个事物。都是非常困难的事情。

决定论一般是指某些必然发生的人为的具体事件,而非一种正常发生的自然结果。比如,"人人都死"就不是,而"人人都死于艾滋病"或"人人都死于五十岁"就是。

在相信某些事情无论如何都会发生这点上,命定论和决定论没有什么区别。

有一类自明性问题,比如,"哲学有什么用?""(学)历史有什么用?"所谓自明性问题,往往有两个明显特征:(1)它提问本身就包含了答案,(2)这些答案大都是否定性的。

有的问题可以被解决,有的问题不能被解决。有的问题看似解决了，其实只是**被淘汰**了。因为它们被证明根本不是问题。真正的问题总能存在下去。还有的问题看似解决了，其实只是换了一种方式被重新提出来而已。

对普通问题进行深奥思考，和对深奥问题进行普通思考，二者显然不同。但问题也许还不在于深奥思考和普通思考的区别，而在于究竟什么是"普通问题"，什么是"深奥问题"。或许，有些问题既可以说是普通问题，又可以说是深奥问题。正因如此，便有了哲学这种东西。有些问题之所以是普通问题，是因为人人都可以轻松谈论它；有些问题之所以是深奥问题，是因为没有一个人能把它真正说清楚。哲学的工作就是居间调停，即想方设法地把二者关系搞得平衡一些。既不使普通问题显得太普通，也不使深奥问题显得太深奥。既使普通问题深奥一些，又使深奥问题普通一些。这就是哲学。哲学只是在调停问题，而不是在解决问题。在哲学调停下，问题可能会变得缓和一些，但绝不会得到真正解决。所以，普通问题依然是普通问题，深奥问题仍然是深奥问题。但二者往往又是同一个问题。这就使哲学显得分外可疑。

事实上，任何简单都是在复杂之后的一种结果。

真正的批判应该是这样：既不预先设定前提，也不预先设定结论。一切都从不可知开始。所以，不妨把这种彻底的批判精神称之为"不可知主义"。但这并不等于不可知论。

真正的批判从不可知处开始，在不可知处结束。表面看，"从不可知处开始"本身已经是可知的；同样，"在不可知处结束"本身也只能是可知的。但这种说法只能是一种浅薄的文字游戏，毫无思想意义。

疯狂以反常和变态的方式证明了理性的力量和意志。完美的理性是真正的疯狂。正像理性的本质是疯狂一样,疯狂的本质也只能是理性。

我们有各种各样的需要,但哪一种需要也不是最重要的。所以,最关键的问题是,我们为什么会产生这么多千差万别、互不相干的需要?

当我们对一种理论完全表示同意时,就意味着这种理论必须被彻底抛弃了。抛弃它的彻底性同接受它的完全性同样令人吃惊。因为这种理论如同一个无底水桶一样,它虽然能很快盛满水,但同样能很快把水全部漏光。实际上,它里面根本没有真正盛过水。因为它根本盛不住水。只不过是因为它被放在水里,看上去似乎盛满了水。一旦把它提出水面,它里面就滴水不剩了。所以,它里面的水并不真的盛在桶里面,而仍然是水的一部分。这是一个假象。无底水桶似乎盛满了水,只是因为它被放在水里的缘故。

如果一种理论像无底水桶,虽然它把话说得很满,容不得人们丝毫怀疑,这恰好说明它不是一种真正的思想。因为人们对它的任何思考都因为它的无底而无所把持地一同漏走了。

我们可以在房子之外谈论这所房子,我们可以在艺术之外谈论艺术,我们可以在存在主义之外谈论存在主义。凡此种种,我们均能轻而易举地做到。但是,如果进一步追问:在世界之外如何谈论世界?在历史之外如何谈论历史?在思想之外如何谈论思想?在语言之外如何谈论语言?凡此种种,是否意味着世界、历史、思想、语言压根是一回事?

一把能打开保险柜的钥匙,其价值是否可以与保险柜里财富的价值相等?

创造能力消失后剩下了创造欲望,创造欲望消失后剩下了对创造的回忆。

一、二、三之后的四为何不写成"三"？或许人们会认为这是为了减少笔画。其实，"四"的笔画比"三"更多。但这不是关键。因为，从四开始，就有了变化。这变化或更简单，或更复杂。但每个数字都不一样。就是说，四之后的每个数字都不能依靠前面而进行简单模仿，必须创造新的。这意味着，最初的学习可以模仿，到达一定阶段则必须创造，而且是不断创造。至于为何从"四"而不是从"五"或其他数字开始改变写法，那是一个超出数学破解能力的问题。

如果没有某种特殊原因，他人就不能凭借自己是客体而拥有某种判断问题的客观性。

所谓客观主义往往是为自己的主观主义作辩护的更加主观的主观主义。

形式主义是内容制造出来的一种统治方式。

死亡没有个性。而且死亡还消灭个性。

一个人在对一个问题毫无思索的情况下，竟能脱口而出一大套判断的理由。这与其说是一种无意识的创造力，不如说是一种无意识的模仿力。所以，无意识包含两面性。

我们总是在误解他人的前提下来理解自己。

误解一个命题的最有效的两种方法：要么肯定它，要么否定它。

有了"我"，自我开始成为一个问题。但这个问题的终极答案却不能到"我"身上寻找。所以，"我"与自我不能直接关联起来。"我"作为自我实现的可能，将是一种无限的过程。这个过程不能被任意打断,更不能随意中止。只有在连续的追求中,过程才成为一个过程,过程的意义才能被充分展示出来。

解决不了的问题不等于没有答案的问题。有些问题虽有不止一个答案,但并不等于它就是已被解决的问题。

有时,一个问题被提出之后,最好的答案往往就是这个问题本身。

当盲人手握盲杖时,他对世界的了解比明眼的常人还要真切。因为常人虽然有眼,但并不在"看"。这样,盲人倒是通过手"看"到了世界。所以,"看"并不单纯指眼的功能,而且还指手的动作。

当我们打开盒子时,不光看到了盒子里的东西,还看到了盒子的全部和盒子本身。因为,除此之外,我们对这个盒子不再有任何要求和企图,我们不再打算对这个盒子作出任何新的努力和动作。一切到此为止。一切都已敞开,可能性便立即中止。在失去可能性的情况下,这个盒子不再有任何诱惑力。它仅仅成为一只盒子,一只不再保守任何秘密的空壳。它不再有生命,因为盒子的生命就是盒子里的秘密。释放了秘密,也就放弃了生命。这样,盒子的全部就成为一个整体的空虚。也许,这个盒子里仍然存放着许多东西:杂物、衣服、书籍、珠宝,也许它沉甸甸的让人提不起来,但它仍是一个空虚。因为它曾打开。打开过的盒子如同初次做爱后的处女一样,基本性质起了变化。封闭的是充实,打开的是空虚。或人或物皆是一理。

即使把杯子里的水倒净之后,杯子里仍有东西在,这即是使杯子成为杯子的那种东西。只是这种东西并非你眼前所需,故而无法为你所意识和感觉。你看见杯子里滴水不存,空空如也,其实,杯子何曾空过?杯子最空虚时也是杯子最充实之际,只是你看不出罢了。因为这时正是那种使杯子成为杯子的东西充满自足地直接呈现出来时。

我们永远不要说我们真的理解了什么,因为那意味着我们总是把自己理解的东西当成真正的事物本身。

不能用简单的方法去描述复杂的事物。尽管复杂的事物中可能隐含一种简单的本质。

透过"空洞无物""言之无物"等成语,很有必要提出一个问题:撇开"物",人还能"说"吗?是否不"说""物",人就无法"言说"?"物"是否就是"言说"的唯一主题或真正主题?在我看来,真正的言说正是不涉及"物"的行为,正是与"物"无关的思想。

深刻的问题往往是把答案推向不可知的极限的问题。

我们不能因为哑巴不说话就崇拜沉默。

从沉默到说话之间没有过程,从说话到沉默之间却有距离。

沉默不是为了说,而是为了看。沉默不是为了把话说清楚,而是为了把事看明白。

"看"如何领先于"说"?

一般说来,情况是这样:我在某时某地看见了某物或某人,但在我看见它或他时,我却什么也没说。因为我不必说。因为看本身无需说。只是过去后,只是当我不再继续看他或它之后,我才会说我"曾看见某人或某物"。此其一。其二,当我看不清某种摆放在我面前的东西时,我才会说"我看不清那个东西"。这句话的意思是,我希望看见它,我需要看清楚它,尽管我刚才看见了它却没看清它什么样。其三,当我置身于事件现场时,我常常只顾看而顾不上说(更多时候是忘记了说),后来别人问我那件事时,我才会说"我看见的那件事是怎么回事"或"我没怎么看清那件事"等等。

说总是对看的重复、转述、翻译和删略、节录乃至改编、发挥。

说是对看的模仿。

树上的果子如果熟透了怎么办?
它会自动掉下来。
如果它烂在树枝上呢?
那就把树锯断。
实在不行,再把树根刨出来。

当一个问题没有一个具体答案时,那么什么样的答案都可能会有。

当问题被提到绝对的高度时,问题就会变成一个硕大无比的铁球从顶点垂直坠落下来。这时,再来寻找任何解释都没有用。唯一的结论是,事情已经发生。只能如此理解。

提问题不在于大小或好坏,而在于着眼点所具有的穿透力和深度,在于重新调整和审视我们原有的思路。这样,它会使我们现有的思路始终处于一种有序－无序、平衡－失衡的相互更替和不断跳跃的闪电般的紧张状态。于是,灵感绵绵不绝地产生。灵感的闪电每一次划过心灵的夜空,就会使沉寂的心灵感受到一次震动和惊喜。心灵会受到刺激,会产生反应。这样,无限的深度便一次又一次地呈现出来。

在墙上钉钉子不是为了破坏墙的美观,比如平滑、整洁,而是为了增加墙的美观,比如挂一幅画或一件装饰品。所以,提出问题不是破坏,而是建设。

在墙上钉进一枚钉子,不是为了破坏这堵墙,或为了检测这堵墙是否结实,而是为了挂一幅画,或一个书包等。提出问题不是为了说明什么事情,而是为了做什么事情。提问不是言说,而是做事。问题不是推理,而是行动。

逻辑只能用来证明问题,而不能用来提出问题。所以,逻辑只是一种论证问题的工具,而不是一种提出问题的动力。

对用筷子吃饭的人来说,即便头一次看到一个人用刀叉吃饭,也不会认为他在吃刀子或叉子,而只会认为他同我们一样在吃饭,尽管用的餐具不一样。当然,人们也许认为这只是由于我们看到他在吃饭,就是说,由于吃饭这个特定的环境和氛围限制了我们不大可能作出其他判断。其实,这不正确。因为,即使在不吃饭时,比如在列车上闲聊时,或在其他场合,我们看见一个人把刀叉放进嘴里,也不会认为他在吃刀叉,而只会认为他在摆弄刀叉(或出于无聊,或出于游戏,或出于表演等)。退一步说,即使某种极端例外的场合,比如,由于一场突如其来的强烈地震,我们和一些人被压在了一个濒于死亡的绝境,饥饿、干渴、黑暗、窒息等几乎使每个人都陷入疯狂和崩溃。这种情况下,如果我们碰巧看见一个人把刀叉放进自己嘴里(假设他手里恰巧有一把刀叉),我们也同样不会认为他在吃刀叉。当然,我们也可以有各种各样的反应,比如,我们可能认为他想自杀,可能认为他在活动身体,可能认为他出于习惯,可能认为他过于饥饿,等等。所以,对从未见过用刀叉吃饭的人来说,他的第一反应只能是对这种餐具感到新奇,而不会想到刀叉好吃或刀叉能吃这类问题。

这说明任何问题和思想都有其最后限度。一旦超出此限度,我们就不知道怎么办了。尽管我们知道超出这个限度,就会导致荒谬。但真正的问题是,我们一般并不事先知道它的另外一面就是荒谬而不去这么想,而是从来就不往这方面想。换言之,我们不是因为担心超出问题的最后限度会产生荒谬而不做如此之想,而是首先根本没有往这方面去思考的意识。

我们提出问题,但在回答这个问题之前,我们就已为**如何表述**这个问题而苦恼着。

提出问题不需要逻辑（这是否意味着逻辑本身是一个天大的问题？），说明问题才需要逻辑。所以，逻辑之中不包含任何问题。

谁都相信，发现一种悖论很困难，进而克服这种悖论也许相对容易一些。但也不是说可以轻松到只需把悖论的任何一方在次序上简单颠倒一下或干脆一下子取消就算完事。

假问题不一定必然比所谓的真问题更没有意义。
真正的问题不可能有答案，倒是那些假问题才有答案。

把一切看作问题时，也就无所谓答案了。

没有深度，一切都不可能，一切都不可理解。

如果世界上只有"是什么"的话，也就不必问"为什么"了。

在飞速旋转的陀螺看来，整个世界都在围绕它旋转。这种感觉构成了它的一般世界观。

当两个人对视时，两人既是观察者，又是被观察者，即同为主体。如果其中一人在观察的同时，用照相机或摄像机拍下了自己对对方的观察，这样，出现在镜头中的对方便成为单一的被观察者，而丧失了观察的主体地位。尽管他同样也在观察拍摄者。于是，悖论出现了。他无法通过自己的观察表达自己。他只能被他人的观察所表达。他的言说只能被照片或摄像所转述。这个简单例子说明了一个**深刻现象，双重主体如何在不经意间被限定为单一主体**。

假关系与摹状词可通。
假关系执着于两头之真，却遗忘了中间之假。摹状词迷惑于两端之真,却不知由此两端所组合之物为假。比如,"金"与"山"皆真,"金山"则假。同样,"历史"与"理性"皆真,"历史理性"则假;"历史"与"规律"皆真,"历史规律"则假;"历史"与"目的"皆真,"历史目的"则假。

人们看魔术,往往将注意力放在辨析变之结果的真实性,而忽视了观察变之过程的虚假性。结果肯定真实,否则便不可信。过程绝对虚假,否则便很可怕。这就是假关系的含义和寓意。所谓假关系,就是重结果轻过程。

魔术具有艺术的所有特质,也具有哲学的所有特质。结论让人炫目,论证让人盲目。

从一棵树到一堆木头,再到一件家具,从家具角度看,其中肯定贯穿一种必然。其实不然。其中每个环节都充满极大的偶然和不确定。那么,正常的思考应该从哪个环节开始?最后,还是最初,抑或还是把它们作为一个整体?

卷 十 三

随着权力之成型,知识同时形成了两套相互关联之规则,一是服务于并对应于权力之外部规则,一是知识自身演进之内部规则。

一切学问都在于还人以本来面目,而不在于把人变成另外一种样子。

学术与思想如同饭菜。饭菜需要搭配,一块做,一块吃,但饭是饭,菜是菜。总不能说,饭中有菜,菜中有饭。学术与思想之关系亦可作如此观。

思想与学术之关系颇似爱情与婚姻。故,学术乃思想之坟墓。

发达的知识头脑如果不同时拥有一个健康的思想睾丸,那他充其量不过是一个残废的学术太监。

思想与学术只能有部分的重叠,而不可能是完全的重合。

人面前有一堵墙,读了一本书,好比拆下墙上一块砖头;读好一本书,好比将这块砖头垫在自己脚下。这样,一本书具有了两种高度。

如果一个人的理论和他的生存无关,等于他建了一座空中楼阁,而他本人并不打算住进去。如果一个人的学说和他的生活有关,我们就可以看他住进自己建造的阁楼之后是否安全和舒适,并据此判断他盖的房子是否结实耐用。

不让研究头脑只让研究头发,不让研究心脏只让研究肚脐,这样即便把脚指甲盖研究得再透,也弄不清人为什么会走路。

在我把石头投向别人时,我必须做好准备让石头砸到自己的脚上。也只有首先准备好搬起石头砸自己脚的人才有能力把石头准确地打到别人身上。

我在山洞里装了一只电灯。众人极为不满。他们说:"我们都有自己的蜡烛,谁稀罕你的灯泡。"这样,我需要做的事情是,换上一只更大更亮的灯泡。同时,不要忘记把开关牢牢控制在自己手里。

我制造了一把铁刷子,准备把狮子身上的跳蚤刷掉。但结果很可能是,跳蚤还在,但狮子却疼得蹦了起来。

自然科学由于导向一种行动性的结果,故而,分歧不多,而且其分歧也很容易达成一致。不用说,这里指的是自然科学的一般状况。相反,社会科学特别是人文科学由于导向一种语义性的结果,故而,它只能处于一种歧义丛生、争吵不休的状态,而永远没有意思明确的那一天。

如果做人和做学问不能统一起来,就不要做学问,做一个人挺好。问题是,学术界可有这样的宁愿做人而不屑做"学问"的人吗?

所有的学术套路不外乎两个,每个套路包含两种手法。一套是,一种手法把原来简单的事情说得复杂,一种手法把原来复杂的事情说得简单。另外一套是,一种手法把原来的问题说得压根不是问题,一种手法把原来不是问题的事情说成是更大的问题。

一个人做了某件事,首先是用手去做。进一步的考证则是他究竟用左手还是右手干的,更为细致的分析则是他究竟用哪只手的哪只手指头。即使通过指纹的取证把这个问题搞清了,可它对于说明这个人做这件事的实质含义又有什么帮助?即使我们把做这件事的这只手的胳膊联系起来,乃至进一步同整个身体联系起来,最后同这个人的五脏六腑以及五官四肢统统联系起来,从大脑的思维活动到心脏的生理活动,都无一遗漏地考察清楚,是否一定能把这个人做这件事的真实动因和全部含义搞清楚?唯一的可能是,这样越搞越搞不清楚。但这种搞法恰恰是目前人文科学界对待许多重大问题的惯用行径。

一种科学是去解释常识,比如自然科学。一种科学是被常识解释,比如人文科学。

自然科学好比三角形(而且还是等边三角形),社会科学好比多边形(而且还是不等边多边形),人文科学则好比圆形(而且还是不规则圆形)。

一切学术的真正价值都不在于"求真",而在于"求新"。因为"新"比"真"更具客观性和确定性,更具无歧义性。大多数情况下,我们不知道什么是"真的",但总知道什么是"新的"。实际上,"求新"比"求真"更接近于真,更能达到真。

提出问题意味着你在学术密林中为自己寻找到一块空地,确立了一个标志,创造出一个对象。通过抵达问题的深处,你逐渐把对象弄成一个有模有样的东西。于是,这个东西开始倾听你的声音,并同你一起呼吸。

比较学的三大原则:第一,比较不改变事物本身的性质,而是建立事物之间的关系;第二,作为整体,不可比较,只能进行一些具体比较,即,比较的特征是具体性而非整体性;第三,只能比较内容,而不能比较形式,即,比较的对象是内容而非形式。

第一原则表明了比较的基本功能和目的,第二原则表明了比较的内在界限和基础,第三原则表明了比较的一般对象和前提。

形式本身是一有机整体,整体本身是一开放形式。

没有大师的大学,如同没有神祇的神庙。除了空荡,就是空旷和空寂。它是学术的贫瘠之地,更是思想的不毛之地。它同时兼有市场的嘈杂和沙漠的冷寂。

当我写作时,我感到许多人像蚂蚁一样密密麻麻地在我的书上爬来爬去。我知道,有一天这群蚂蚁会把我的书啃烂,然后再宣称这是它们写的书。

我的著作具有这样一个特点:如果它是一本好书,它就能够成为好书的标准;如果它是一本坏书,它就应该成为坏书的标准。

读书开始是一种享受,后来变成一种痛苦。因为他觉得除了读书再也不能干别的什么。

卷 十 四

　　人欣赏艺术品时一般都能清醒意识到自己在欣赏艺术品,但人在欣赏艺术品时往往感觉不到自己在欣赏艺术。如同人们在说话时几乎分辨不出语言与舌头的区别,而在吃饭时却能毫不费力地弄清自己的舌头与食物之间的不同一样。

　　可是,欣赏艺术和欣赏艺术品同样是一种视觉活动,都离不开人眼。但视觉与眼睛毕竟还有区别,如同舌头与嘴巴终究不同一样。

　　在这方面,欣赏与艺术的关系、舌头与语言的关系,如同视觉与光线的关系。因为阳光下,你很难弄清视觉与光线之间有什么区别,二者的界限在哪里。人在阳光中虽然分辨不出视觉与光线的界限,却能分辨出视觉与阳光下的世界万物之间的差异。人们知道虽然在阳光下看到了大千世界,但大千世界的万事万物却不是自己的视觉。正像眼睛不是石头一样,绿叶也不是眼睛。

　　另一方面,人们不但能在阳光下分辨出视觉与光线中具体物体之间的界限,还能在黑暗中分清视觉与光线的区别以及视觉与黑暗的不同。就是说,在黑暗中,人们明确知道自己的视觉既不是光明也不是黑暗。

　　在黑暗世界人们的眼睛什么也看不清,但人们知道这不是视觉的原因,而是黑暗的缘故。黑暗世界尽管使人们眼睛什么也看不见,却不可能使人们真正变成瞎子。在黑暗中,人眼虽然看不见任何东西,但眼睛仍具有视觉功能;人眼虽然看不见光明,但眼睛仍是明亮的。

尼采的井盖

黑暗无法使眼睛变瞎或黯淡无光,如同乌云无法遮挡闪电和石头无法埋没火种一样。

人们总说从艺术品中"看出"了什么东西。这种"看出"意味着什么?它是否等于说人们从艺术品中"取出了"或"拿出了"某种东西?这种"拿出"和"取出"是否同我们从口袋里"拿出"某种东西,或从银行里"取出"多少钱的含义相同?似乎不是。我们虽然的确从艺术中"看出了"某种东西,但这种东西却不能用手来"拿"、用手来"取",也不能用口袋来装、用银行来储存。在这里,某种"手"的工具和空间性质的容器都无法来"拿"、来"取"、来"装"、来"放"我们从艺术中"看出来"的某种东西。

同时,这种"看出"也不等于我们用手从某种艺术品中"挖掉了"什么或"剪掉了"什么或"割掉了"什么。从一幅画中"看出了"某种东西,不意味着我们将画的颜色"弄淡了",把线条"搞乱了";从一本小说中"看出"某种东西,也不意味着我们将小说的情节"压缩了""删节了";从一首音乐里"听出了"某种东西,也不意味着我们从音乐中"抽出了"什么,或"省略了"什么。画依然如故,小说依然如故,音乐依然如故。

既如此,我们究竟从画、小说、音乐里"看出了"什么?这种"看出来"的东西能否用某种尺度去衡量、计算?为什么画、小说、音乐既然被"看出来"某种东西,可又丝毫不发生变化?

之所以如此,是因为对艺术来说,"看出"就是"赋予"。从艺术中"看出"什么东西等于对艺术"赋予"什么东西。从艺术中"取出"多少东西,等于"给予"艺术多少东西。从艺术中"拿出"多少,必然同时"还给"艺术多少。正像从艺术中"看出"某种东西没有使艺术"减少"什么一样,对艺术"赋予"某种东西也不可能使艺术"增多"什么。

这是否说,欣赏艺术不能使艺术发生变化?欣赏艺术不能改变艺术?非也。这个过程中的"出入加减"看似"能量守恒",其实已经发生了变化。比如,一首已发表的诗和一首未出版的诗肯定不一样。

这种不一样可以有无数丰富的含义。但它首先不是铅字和手写的区别。古诗流传到现在,其变化之大远远超出人之想象。

无论多少人欣赏艺术,无论其他人如何欣赏艺术,无论他人对艺术的欣赏是"取出"还是"赋予",都不能影响和改变我仍以我的眼光去不受任何限制地欣赏艺术。读《红楼梦》的人再多,对我来说,我仍是读《红楼梦》的第一人。可见,欣赏艺术永远都是纯粹个人的事。在艺术面前,每人都是"唯我论者"。

他人从艺术中"取出了"什么,又"赋予了"什么,对我来说都无所谓。我眼中的艺术仍是他人未曾触及过的东西。艺术就像一块天然未凿、朴实无华的玉,只有在欣赏中才能把它变成"和氏璧"。

艺术如同太阳,照耀了所有人,同时又为每个人所完全拥有。每人心中都有一个永恒不变的太阳,阳光下的每个人都不能使阳光更多或更少。他人不能一手遮天,或割断我与阳光的联系。

某种意义上,音乐厅里我与他人的关系如同大街上我与他人的关系,如同公共汽车上我与他人的关系,虽然肩并肩、身挨身,但本质上却没有任何关系。正像公共汽车和街道并不能把置身其中的人们统一成为一个有机整体一样,音乐厅也无法做到这一点。但音乐厅却能使人排除他人,忘掉他人,无视他人,使自己成为"唯一者"。可公共汽车和街道却不行。在这些场所,人们非但做不到排除他人和忘掉他人,反而必须正视他人和注意他人。音乐厅使每人都成为真正的独一无二的中心,公共汽车则使每人都不可能成为任何中心。音乐厅使每人都成为自己的主人,公共汽车则使每人都成为自己的奴隶。**艺术使人无法忍受自己,非艺术使人无法忍受他人。**

一件艺术品是世界定式之中的非世界者,但它又是可以理解的。当这件艺术品被世界者欣赏并从中领悟出某种内在意义时,它就不再是世界定式中的非世界者,而变成一种真正的世界。因为这件艺术品在被世界者加以意义性的理解和揭示时,已经深刻地暗示出它蕴含着的世界者世界活动的本真历史性。

诗意是意义的殊相。诗意是艺术的本质,诗意的本质却是意义。在意义的世界里,一切皆充满诗意。

写诗是对痛苦最好的治疗。前提是,你必须首先使自己成为一个诗人。

诗歌是痛苦的翅膀。它并不减轻痛苦。它只是把痛苦带到另外一个暂时看不见的地方,从而使痛苦成为可以忍受的东西。

诗歌只是使痛苦不在场,但不能消除痛苦。

诗歌肯定是美的。但诗歌不是对痛苦的美化。把痛苦变成某种可以欣赏或品味的东西,不是诗歌的目的。如果诗歌这么做或试图这么做,诗无疑成为制造痛苦的同谋或帮凶。

艺术与地图之间具有某种相似性、对应性和对称性。二者是互补的。因为二者一定程度上都是对世界加以想象和直观的产物。可以说,艺术是一种想象化的世界地图,地图是一种直观化的世界艺术。

艺术和地图同构,二者具有相同的功能,即直观世界和想象世界。但二者对世界的这种直观和想象功能却不是任何一种意义上的镜子特性。

生命不再美丽,死亡就让位给艺术。

艺术既不是生命的一部分,也不是死亡的一部分,而是生命与死亡之间的一个空白。

"艺术**意味着**什么",既不同于"艺术是什么",也不同于"艺术为什么",还不同于"艺术有什么意义"。

人类需要诗人来帮助自己克服堕落。可一旦人人都成了诗人,人类就真的"堕落"了。

人在生活中失去了感动,然后到艺术中寻找感动。这说明,艺术不是高于生活,而是有别于生活。

如果弄不清美与人之间的关系,说美是什么就显得多余。

一个人当诗人很容易,一个诗人写诗却很难。
某种意义上,诗人是做人的失败,写诗则是对失败的补偿。

诗有两种形式:一是把正确的思想错误地表达出来,一是把错误的思想正确地表达出来。
或者说:一是把清晰的感觉模糊地表达出来,一是把模糊的感觉清晰地表达出来。
但无论何种方式,最终结果都是一样。

艺术家有两类,一是"美化"人类,一是"丑化"人类。这两类又恰恰为人类所必需。

人有多坏,人性就有多美。正是在邪恶中,才显露出美本身的庄严和神圣。

当我亲眼目睹生活如此丑陋时,什么样的艺术才能使我怀疑自己的眼睛出了毛病?

绝大多数时候,想赚钱的人肯定比想写小说的人多。但即使对那些百万富翁乃至亿万富翁,我们也从不称他们为"伟大的富翁"。尽管他们的成功的确是大多数人想做而没有做到的事情。反之,对某些文学家,人们却称之为"伟大",尽管写小说并不是许多人想做的事情。

这意味着,人们对"伟大"的使用有着一种近乎约定俗成的标准,那就是与众不同的独特精神价值。所以,"伟大"并不必然意味着"创造"。因为赚钱同样可以说是"创造财富"。

镶嵌上去的钉子意味着什么?

A. 面对一堵墙,人们总想往上镶嵌些什么;如果墙上原来已经有了一些东西,那人们就会对之作出某种调整和改变。

B. 如果世界是一堵墙,艺术就是墙上的钉子。可是,为什么不将艺术比喻为镶嵌在墙上的画或装饰品?因为正是钉子将画和装饰品固定在了墙上。如果把艺术视为墙上的钉子,又是什么东西将钉子钉在墙上?

C. 这表明艺术变得更加柔软和富有弹性。这表明生活的拉力正在增强。这表明对死亡的忍耐由脆弱而变得麻木。

D. 当切入生命内部时,我们发现艺术是一种反常的东西。

E. 我们曾利用艺术去达到某种目的。艺术虽然找到了,目的却不见了。这样,"艺术目的"就成为艺术消失的证据。

艺术的魅力在于,它能以违反道德的方式获得人们的同情与理解。

艺术家与艺术品之间是一种假关系。艺术品并不因为是由艺术家创造的就不再与艺术家之间构成一种虚假关系。相反,艺术家对艺术品的创造反而强化和肯定了二者关系的虚假性。因而,一方面,艺术家无法确切说明自己创造的艺术品;另一方面,艺术品也不像创造它的艺术家所说的那种样子。就是说,艺术家的工作和职责仅仅是创造艺术品,对艺术品的合理解释并非艺术家的本职工作和分内之事。换言之,艺术家对艺术品只有创造权,没有解释权。或者说,艺术家对自己创造的艺术品只有全部的创造权,却没有充分的解释权。因为艺术家根本没有这个能力。究其然,实乃艺术家与艺术品之间的假关系使然。

生活与艺术是相互虚假化的过程。生活中,艺术是假的;艺术中,生活是假的。生活中,人们虚构艺术;艺术中,人们虚构生活。生活中,人们不相信艺术;艺术中,人们不相信生活。生活中,人们怀疑艺术的真实;艺术中,人们怀疑生活的真实。生活中,人们体会不到艺术的价值;艺术中,人们体验不出生活的意义。生活中,人们把艺术变得尽可能的虚假;艺术中,人们把生活变得尽可能的虚假。生活中,没有比艺术更虚假的东西了;艺术中,没有比生活更虚假的东西了。

如果美缺乏深刻个性,它就是不美的。当然,这不意味着它就是丑的。不过,有时,它比丑还要更低一个等级。因为,真正的丑往往是有个性的。

美令人自卑。真正的丑却因此变得更加骄傲。因为丑认为自己是一种特殊类型的美。

有时,缺憾本身就是一种美。不过,追求完美则是一种缺憾。但这种缺憾则与美无关。

生活教会了我们许多东西。我们把这些东西变成了其他各种与生活不同的东西,诸如语言、诗歌、艺术、哲学乃至宗教,甚至我们把它们弄成一种比生活本身还要高雅和深刻的东西。我们把这些强加于生活本身之上。它们似乎标志着我们对生活的领悟和理解。凭借它们,我们仿佛从生活中获得某种收获和成就感。问题是,所有这些东西的总和难道真的能比生活本身更重要吗?

艺术做到了生活做不到的事情。所以,人们会为艺术感动,而不为生活感动。所以,人们会崇拜艺术,而不崇拜生活。

生活与艺术之关系如同生命与死亡之关系。从生活走向艺术具有不可逆性,如同从生命走向死亡具有不可逆性一样。

死亡是对生命的终结,艺术是对生活的终结。

艺术是形式,但艺术必须以自身为形式。如果它凭借其他非艺术的形式,那它就不再是艺术。

只有诗才能把不是诗的东西变成诗。只有诗才能使非诗的东西变得有诗意。

艺术有时像一道门,有时像一扇窗,有时像一堵墙,有时像一条篱笆,有时像一条界线。但无论像什么或是什么,它们在结构上是统一的。因为它们构成一个总体在环绕着人与人的世界。

有两种不同的艺术家:一种尽量将普通的事情写得不普通,一种尽量将不平常的事情写得平常。

但我们很难区分哪一种艺术家更了不起。

卷 十 五

历史充实时间。表面看,时间是一个形式。实际上,时间并无形式。所谓时间形式,只是历史所赋予。

世界是一只气球,时间是气球上的纹饰。历史则是一股气。只有把气球吹起来,才能看见气球上面的纹饰。这纹饰就是时间。没有历史,世界是瘪的,也无时间可言。当历史充实世界,呈现时间时,需要节制。否则,历史将毁灭一切。

历世是一**动词**,历世的名词形式则是"历史世界"。

"历世"就是经历世界,同时它也意味着一个历史世界。因为世界本身就是一个历史性的意义系统。

"无极而太极。"无意义而有意义。这里不包含时间的顺序性或因果的生成性,而仅有一种历史的优先性。

世界者使世界成为世界,而不是世界使世界者成为世界者。世界者先于世界的根据在于世界者"有"历史。历史先于世界。历史的优先性完全符合"历史世界"概念的内在规定。

历史似乎无所不在,但人又感觉不到历史存在。这是因为人和历史之间是一种泛神论关系,它有别于人和上帝之间那种理神论关系。究其实质,人创造历史和神创造世界是同一个过程。即,**人和神**

皆为世界者。这并非说世界者有两个,而是说世界者有两种身份。

历史是最伟大的艺术。就其本义,历史可能是唯一的艺术。因为,历史发生了,却无人知晓它为何发生,以及何以可能发生。就此而言,历史是人**超常发挥**的产物,是人**发挥了超人能力的创造物**。

历史主义适用于解释历史,但不适用于理解历史,更不适用于创造历史。因为历史主义是一种理性主义,有虚无主义之嫌。而虚无主义无法创造历史。

命运是历史,而非概念。即,命运是历史之必然,而非概念之推演。在此问题上,唯独历史有发言权。知历史方能知天命。

历史能说清世界百分之九十九的事情,剩下百分之一用来说明历史为何成为现在这个样子。

把现实理解为一种历史过程,把历史理解为一种现实存在,还有什么不能理解?还有什么不能做?

历史是变化,这变化只有在现实中才感觉到并得以思索和把握。归根结底,历史是现实。

观察到变化并思考变化,是人思想的质变。为了思索变化,人发明了时间。时间作为计时工具支配着历史意识,由此成为一种历史主义。可见历史主义实乃时间之异化。

历史正义不是超验正义,但也不是一般性的经验正义,而是**超越性的经验正义**。

历史在现实,仅仅在现实。历史不在别处,不可能在别处。历史在眼前,在身边,在身上。

当人对自己生活实在无话可说时,其实依然有着历史。只是他缺乏表述和发现自己历史的能力和意识。他尚未学会自由地说出自己的历史。

对个人来说,别处是自己不可企及之处,别处那些所谓历史其实只是"历史事件"构成的"历史知识"和"历史评论",和自己毫无关系。

如何让人意识到自己历史?并正常地表述自己历史?

历史一旦发生,就不会变化,但叙述历史会变样。这样,随讲随变的过程自己是否有所意识?他还能回到自己没讲之前的那种状态吗?

历史知识对自己究竟有多大作用?忘掉历史知识有多难?其实,只要一说到自己历史,就会发现那些历史知识全然无用。

讲出你的故事,你就"有"了历史。

是可知,历史不光是做出来的,同时也是**必须说出来**的。否则,只有本源意义上的历史,而无话语意义上的历史,即可供交流和分享的历史。这种历史其实就是人们通常说的历史。它与记忆、叙述、研究即所谓历史学术有关。

人何时忘掉自己学过的历史?很简单,当他讲述自己历史时,就会忘记学过的那些历史。

历史即现实,此历史只能是人的历史,且只能是个人历史。

人是历史的唯一,历史是人的全部。

想象一下历史:闭上眼睛,伸出手,握拳,收回。你是否感觉已经有所把握?不管是否有所把握,你都想把握得更多。

其实,你的欲望,连同你的把握,还有你的想象,这才是真正的历史,你的历史,即历史本身。

最深的进入和最真的呈现,是一个意思。

这是存在还是本有？

必须警惕**哲学中的伪历史观**。即，最早者最真。亦即，最早的东西就是最真的东西。

孤立地强调人的存在，仿佛"飞箭不动"的思辨逻辑。并无意义。任何人的存在，看似一个定点，实则意味着曾经和当下的总和。这一总和恰是历史。

人有历史使人的存在成为可预期和不可预测。
历史使存在成为一种状态，而非某种本源或根基。

如果穷尽一切可能性，历史也就终结。因为一切都变得无意义了。

历史的可能性在于历史的现实性。历史的现实性在于人的意义性，即人性。
所以，判断历史的价值标准只能是人性。

历史是人性，史学必须直指人心。

史学不是求真，而是求信。问题不在于什么是真，而在于信什么为真。

一件事尽人皆知，却闭口不谈；一件事口耳相传，却从不形诸笔墨。从历史学角度看，二者性质相同，共同凸显了历史学的局限和脆弱。这就是，即便亲眼所见，如不公开作证，也就如同从未发生。

研究哲学的个人状态本身不是哲学，研究文学的个人状态本身不是文学，研究政治的个人状态本身不是政治，研究经济的个人状态本身不是经济，唯独研究历史的个人状态本身就是历史。可见个人历史和历史研究之间的深刻关系。某种意义上，这种关系似乎决定了历史学的本质。

史才、史学、史识三者呈现方式不同。最先吸引人的是史才,其次是史学,但最能影响后世的却是史识。

"我注六经"和"六经注我"既非对立,亦非互补,而是先后两个阶段。其顺序:我注六经→六经注我→我即六经→六经在我。

历史感是实践,历史观一半是实践,历史学全无实践性。所谓实践,即是产生行动的欲望和能力。理想意义上,历史研究作为现实批判,只能通过创造思想而激发行动意识。

黑格尔说,把握一个时代,就是把它变成一个概念,在思想中予以反思,最终使之成为一种时代精神。
可我觉得,把握一个时代,就是把它视为一个整体,给予理性直观,从而使其开放出尽可能多的历史－现实意义。

认识论的方案无法解决本体论的问题,认识论的判断无法替代本体论的决断。所以,即便读史使人明智,依然会重蹈覆辙。

某种意义上,思考历史对创造历史是一种灾难。因为它以为自己能预防或避免灾难。

相对历史的成熟,人类还过于幼稚。

看清历史的深厚,才能看透诗的浅薄。同时,看透诗的深刻,才能看清历史的至深。

太一般和太特殊就像竞赛中的最高分和最低分,皆无意义。去掉之后,依然未必是历史真相,却可能是**历史常相**。

绝对意义上,任何一座古墓,都不是为了让后人打开而设计的。

其原初放置的一切物件,以及设计的整个墓葬格局,都不是为了让后人观赏和惊叹而安排的。其所体现的意义,都只是为了当事者的需要,特别是为了墓主一人而设置的。它为墓主个人享用和拥有。其存在本身就具有天然的隔绝性。它隔绝了一切外界的觊觎,它阻断了一切外在目光的窥探。它自成一体,绝对封闭,永远沉默。姑且不说后世无数可能的盗墓,即便现代意义上的科学考古和合理发掘,同样破坏了古墓的原始现场。打开的古墓,并非真相大白,而是真实不在,意义尽失。因为,考古发掘试图窥探一种绝对意义上的隐秘意义。而此意义仅为古人独有,仅为墓主独享。它不具有后人想当然的历史价值和审美情趣。

人们相信,打开一座保存完好的古墓,就等于回到历史现场,就等于看到历史真相。其实不然。古人造墓是为了埋葬和封闭,这种做法本身就是为了精心营造一种隐秘的意义。一旦打开,这种隐秘意义便不复存在。对理解历史来说,这种隐秘意义的消失并非无关宏旨。即便古墓从未被盗,即便从未遭到任何人为破坏,即便里面的陪葬品、格局、墓主近乎完好如初,它同样不能掩盖那种隐秘意义的彻底消失。本质上,这种消失的隐秘意义具有致命性。比如,我们在曾侯乙墓看到了一套保存完整的编钟。人们已经知道这套六十五件青铜编钟组成的庞大乐器,有跨五个半八度、十二个半音的音域,也了解了它高超的铸造技术。但永远不会知道它都演奏了哪些音乐,也不会知道曾侯在倾听这些乐曲时的心理感受。曾侯乙墓的编钟不是一个简单物件,甚至也不是一套普通乐器。它体现出它在曾侯生命中的独特位置,以及它和曾侯心灵的亲密关系。所以,这套编钟在曾侯乙墓中呈现出的是一种隐秘意义。这种隐秘意义不为人知,也不想为人所知。它静静地存在于地下。只要不被打开,这种隐秘意义就始终存在。一旦被人打开,就像一个真空罐有了裂缝,里面的一切都将改变。既然古墓中隐秘意义荡然无存,那么人们对其研究和了解也都只能限于表面看见的那些物件,以及物件之间的关系,以便分析其内在含义。据此可知,长沙马王堆里的帛画和漆画,唐朝古墓中的壁画,其本质,均在于自我保存的隐秘意义。这种隐秘意义只能永远存在于古人的心灵和想象中。现在人的观赏和研究,本身就是一种对隐秘意义的侵入和破坏。隐秘意义的存在意味着,它需要安静,而不是被打扰。古墓中的壁画绝不是古人希望与人分享或共享的东西,但它阻止不了后人的观赏。这就是悖论。这种悖论表明,隐秘意义确实存在,但极其脆弱。

隐秘意义的本质在于,它将墓室营造为一种生活的场景,即,将死人视为活人,将墓主视作生者。这种"活"的意义,正是隐秘意义本质所在。比如,大同十里铺辽墓和乐平南宋墓壁画。这些画面给人的感觉是,主人刚刚还端坐在太师椅上,只是暂时离去,他随时还会回来,继续坐在这里,颐指气使或发号施令。那么,主人到了哪里?其实,他没走远。他就近在咫尺,或在一步之遥的隔壁。这样一来,壁画和棺椁之间就构成了生动的呼应。那具棺椁不再是死者之卧,而是生者之床。墓主并未死去。他和生前一样,只是到床上小憩而已。如此,壁画上的空椅和墓室中的棺椁之间,便遥相呼应,浮现出一种浓郁的生活气息和熟悉的生活情调。它暗示着主人一直都在,而这正是造墓者努力营造的隐秘意义。这种隐秘意义的本质是,**墓主活着**。显然,它是造墓者对墓主的祝福和祈祷。他希望不为外人所知。这种封闭空间保证了其隐秘意义永远不致外泄。一旦打开,就是见光死。问题是,任何一种考古发掘都未能意识到这种见光死的隐秘意义之存在,反而相信自己能做到完好地保存现场,并揭示其历史奥秘。其实,研究者看到的那些貌似完好的陪葬品和墓室格局,都是一种彻底丧失其隐秘意义的僵死物件。本质上,它们只是用于营造和呈现造墓者和墓主之间那种特有的隐秘意义的原始道具。

文物和文献不同。从未有一本书是专为死人写的,或是专门作为陪葬品而写的。即便那些埋入地下的古书,也是辗转流通的书籍,至少被人看过。可以说,古书都是让人看的。即便"藏之名山",也是为了让后人看。所以,不论古书蕴含多少丰富内容,其本身却不具有隐秘意义。相反,古物却不尽然。至少有些古物,从其制作意图、使用方式、存在空间,都是为了避免和人接触,而以特殊方式营造其隐秘意义。最常见的就是棺椁。显然,现在人的骨灰盒就根本不具有任何隐秘意义。

一种最古老的史家书写方式使史家成为可能。它整合了老子和孔子。《道德经》即老子之《春秋》,《春秋》即孔子之《道德经》。明乎此,便知史家之本质。

中国文化是史官文化,**中国思想是史家思想**。

所谓史家思想,即是沟通天‐地‐人并以人为中心的王者思维。史家即王者。此王非理想国之王,乃精神界之王。

史家之神圣在于分享了历史之神圣,史家之世俗在于分享了历史之世俗。史家拥有历史的一切,却不能表达历史于万一。史家之明智在于他分享了历史智慧。史家无权发布神谕,却承担了预言历史之责。史家终于暴露自己的无知。面对历史,史家永远幼稚。历史使常人世故,使史家纯朴。这使史家得以保持自身之本质而洞察历史。史家之所以超凡而不脱俗,端在于此。

史家关心的不是如何认识历史,而是怎样创造历史。其实,在史家身上,二者高度统一,认识历史即是创造历史。对历史而言,史家知行合一,也唯有史家能知行合一。一言之,史家是创造历史的思想家。

史家既是一家,又是百家。所谓一致百虑是也。

揭示史家本质,赋予史家新意,即是历史之学。历史之学是历史‐学。历史‐学属于史家,历史学属于史学家。

太史公乃史家,而非史学家。把太史公说成史学家,肯定让他郁闷,估计他会将《史记》永远"藏之名山"。

卷 十 五

一部《史记》胜过无数传奇,一部《通鉴》胜过无数小说。强大的史官文化传统,使得一切小说必须确立一个历史坐标。否则,它就很难上档次、有品位,也不好意思自称小说。

伟大的文学家是那种写出了一个时代,写活了一个民族的人。就是说,既给时代树碑,又给民族立传,才算得上伟大的文学家。可见,伟大的文学家本质上就是伟大的史学家。照此标准,除了鲁迅,还有谁?

如果缺乏足够的想象力和创造力,还不如做一个诚实的历史记录者。至少它会保存一些真相。既然无法正常思考,那么客观的记述和朴素的文字远胜过那些意淫无底线的伪艺术。任何时候,真史都是真理,历史真相就是绝对真理。

"国灭史不可没"是中国史家最高贵的信念。亡国之际,人们不是祈求上苍或神明,而是坚信历史。这就是中国人的历史感和历史信仰。倘若历史不能给国人提供并确保一种终极价值,虚无主义必然是国人的宿命。是可知,对国人而言,历史确是唯一可能创造终极价值的东西。

美国历史定义了积极自由,中国历史定义了消极自由。

自古以来,管制思想不外两种方法:始皇帝的焚书与乾隆帝的编书。二者意图皆为禁书。表面看,焚书是给思想做减法,编书是给学术做加法,实质上,二者都是给知识做除法。

在中国历史这间房子里,从春秋开始,一盏灯一盏灯地逐次打开,直到唐朝最亮的一盏灯打开;然后,从宋朝开始,一盏灯一盏灯关掉,直至清朝,关掉了最后一盏灯,最黑暗的时刻到来。

铁屋子人做梦有三部曲:梦话→梦遗→梦游。梦游虽然在走,但并没有真正走路。所以,不管走多远,都不能算是进步。

二十世纪初,给资本主义世界以猛烈打击的是俄国;同样,在二十世纪末,给社会主义国家以沉重打击的仍然是俄国。

人发明了房子,把人同天拉开了距离;人发明了床,把人同地拉开了距离。这样,人在天地之间创造出了有别天地的自我空间。从此,这个空间就成为人类历史的中心和舞台。

就个人而言,坐飞机的人未必就比坐牛车的人更有文化;但就社会而言,能做飞机的社会肯定比只能做牛车的社会更有文化。

历史的进步,不是让人产生不满,而是让人可以表达不满。这种不满使人觉得历史好像在倒退,其实这种倒退本身也是一种进步。

约伯说:"让我说话,无论如何我都承当。"这意味着,"如果不让我说话,无论什么我都不能承当。"看来无意中,约伯已给历史学家立下了一条戒律。

诲淫诲盗是小,诲人为奴是大。

专制国家,求真是与虎谋皮,致用是为虎作伥。

民主国家的学术(或艺术)可能不关心政治,但绝不会刻意回避政治。如果仅从表面看,可能民主国家的一本史书和专制国家的一本史书都不涉及政治,但这不意味着这两本史书对政治的态度毫无区别,完全一致。相反,二者的差异可能是本质性的。其深刻很可能超过了具体的学术观点之争。

所谓客观,对人不对物。对人绝对客观,也就无从说起,甚至无话可说。

卷十五

　　我们有过这种经验,从空中俯视繁华闹市的十字路口,车水马龙,熙熙攘攘,人流密如高墙,根本无法通过。但其实,人们都知道,这种观感只是远眺产生的空间幻觉。只要你走到跟前,都能顺顺当当地通过。这种经验告诉我们,许多理论分析和历史研究都把事物弄得过于复杂。这使历史真相变得难以理解,甚至不可理喻,同时,也使我们的现实判断和未来抉择变得困难重重。因为我们被自己理性建构出来的复杂图像搞晕了,吓住了,丧失了必要的行动勇气和决断能力。一旦动手,我们马上发现,事情并不像想象的那么绝望和恐怖。一切大有可为。但这并非说,理论和学术毫无用处。本质上,它提供的分析框架和指示的行进方向依然可取。它可以让我们变得谨慎从事,但不必胆怯止步。

　　在现代,当我们使用种种自以为适当的词语去描述和表示自己所做的各种事情和所见的各种事物时,我们其实无能为力。就是说,言与事压根是两回事。词与物根本不具有任何对应性,二者均有自己的规则和逻辑。问题是,我们始终缺乏将二者明确区分开来的自觉意识和能力。于是,我们只能吃到带着熊掌味道的鱼和带有鱼味的熊掌。所以,对人类来说,真正的问题不在于鱼和熊掌能否兼得,而在于兼得鱼和熊掌的同时,却不能将二者明确加以区别。

　　城市把无数人聚集到一起,也就同时把无数敌人聚集到一起。这样,每个人的生存和生活就时刻伴随有不计其数的猜忌、妒忌、倾轧、阴谋、敌视、陷害、谋杀、暴力、屠戮。正因如此,城市便成为邪恶、淫乱、放荡、纵欲最集中和白热化程度最高的地方。在城市,隐蔽的丑恶变为公开的丑陋,非法的强暴变为合法的强奸,有节制的压迫变为无节度的压抑,有限的剥削变为无限的榨取,含蓄的仇恨变为赤裸裸的敌意。

　　城市把人变成敌人。所以,城市是一个最适合施展阴谋诡计的场所。城市即战场。在城市中,每天都有战争,每人都在作战,每人都是他人之敌。人人既同他人作战,又与自己为敌。城市的战争没有最后的结局,城市的战争没有最终的胜负。赢家和输家共同生活在一个空间,胜利者和失败者接受共同的裁决。城市战争没有战利品。如果有,那就是废墟。

　　弱者爱好和平,强者缔造和平。好比,常人爱好艺术,天才创造艺术。

卷 十 六

有些国人急于找到一个能够和国际学界进行对话的话题,就大谈现代性,却毫不顾忌自己国家连现代化的胎毛还没有长全。这类人的话语虽有"国际性",却无中国性。

人权不是西方发明的,而是西方发现的。故而它具有人类性。我们可以接着西方谈人权,也可以和西方一起谈人权,但就是不能撇开或绕开西方谈人权。

要面子的最高境界是,光着屁股却总忌讳别人对自己脸上的麻子指指点点。

有些国人总喜欢把自己的厨房与别人的厕所混为一谈,以此来证明自己是世界上最爱干净的人。

我们习惯说别人厕所多脏,却不知自己厨房多脏。其实,把自己厨房打扫干净之前,动不动就指责别人厕所不干净,我们虽有这个权利,却没任何意义。因为我们毕竟要在自己家里吃饭,而不是要在别人家里解手。

自己家厨房并没有与别人家厕所直接连在一起,凭什么说我们厨房的苍蝇一定是从别人家厕所飞进来的?事实上,干净的厕所不一定比肮脏的厨房更容易招苍蝇。在比较时,一定要分清厨房和厕所的不同，不要动辄就说我们厨房比别人厕所干净多了。这里包含两个问题。第一，就其固有含义看，厨房理应比厕所干净。这是无须多说的生活常识。所以，我们只能说自己厨房是否比别人厨房干净，我们厕所是否比别人厕所干净。第二，退一步说，许多时候，我们厨房甚至不如别人厕所干净。

为什么人们不在意雅典的灭亡，而在乎罗马的灭亡？
难道仅仅因为雅典太小而罗马太大？

尼采说，奴隶制因道德而变得神圣起来。其实应该说，奴隶制因产生奴隶道德而变得神圣起来。

中国人和外国人说话不一样，但中国狗和外国狗的叫声却没什么不同。这说明中西之别没有人们想象的那么大。

就中国说中国，能说得清吗？反之，就西方说中国，能说得透吗？这一悖论正是中国问题所在。

中国古代神话的特质不在于"神"，而在于"话"。即它更多是一种缺乏神性的话语模式。

西方‐世界毕竟为西方人首先发现，它肯定要打上西方人的烙印。另一方面，西方‐世界又确实有别于西方世界。

西方之于中国是一面镜子。在这面镜子面前，国人的心态很是复杂和微妙。有时，他觉得比镜子里的自己更美；有时，他觉得比镜子里的自己更丑。这面镜子的奇特魔力还在于，国人既不能走进镜子里，成为镜子的一部分；同时，又无法远远走开，站在一个镜子完全照不见的角落。

在西方这面镜子面前，国人要么看见了自己太多的优点，要么看见了自己太多的缺点。要想背过脸去,视而不见,做不到。要想把它砸碎,更不可能。这时国人就会隐然生出"既生瑜何生亮"之遗憾和烦恼。

中国原来有自己的铜镜、水镜、石镜等,但自从西方带来了更明更亮更清晰的玻璃镜之后,中国人再也不用自己原来的镜子了。这个事实足以说明东方主义的必然性。**东方主义是东方的命运**。这个命运是西方带给东方的。这正是东方耿耿于怀的。

东方主义的关键在东方,而非西方。理由是,西方肯定有权利谈论东方,至于东方为何接受和认同西方的看法,似乎不能责怪西方。因为在西方表述东方之前,东方一直在不停地自我表述。所以,问题不在于东方不表述,而在于它为何放弃自我表述而模仿西方表述。这实际上就是西方历史本体论的优先性。

"西方中心论"在西人眼中,是一个以西方为中心的圆;在国人眼中,则是一条从西方到东方的线。某种意义上,东西关系仅仅对中国人(或亚洲人)具有唯一性,而对欧洲人或非洲人均不具有唯一性。

对西方来说,世界是一个以西方为中心的多元世界;对东方来说,世界是一个以东西方为中心的二元世界。

对西方来说,东方不是一个问题。但对东方来说,西方却是一个问题。也许,这就是全部问题所在。

上帝也需要嫉妒,不然,他为什么派耶稣监视人类?

公元是神的时间,年号是人的时间。神的时间是绝对的,人的时间是相对的。就此而言,神的时间更具普遍性和客观性。就是说,神的时间因超越而优越。

尼采的井盖

基督以信仰征服西方,以信仰之外的东西征服东方。所以东方只能靠信仰之外的东西接近信仰。这意味着,东方信仰的纯粹性永远是一个问题。

比较而言,中国人对待佛教的感情较为单一,对待基督教的感情就非常复杂。

在尼采的坐标系上,我感到尼采对中国人是无用的。因为尼采的哲学过于奢侈,而中国人则过于吝啬。

西方哲学探讨的核心问题是,世界如何被创造出来?这种创造的可能性何在?这个创造者是谁?(先是上帝,后是人)关键词是"创造"。

中国哲学探讨的中心问题是,世界是何以演变的?这种演变的过程如何?关键词是"变化"。

所以,中国哲学的思路一直遵循着自然的轨迹,而很少涉及人的创造性本质。这使得中国哲学始终在一种泛自然的边缘状态徘徊不前,而无法直接切入人本身的问题。所以,中国哲学总显得和人非常隔膜和生疏。

西学思维大多有一种权利平衡的前提和考量。比如,"对话""理解"等。国人不明就里,反而认为权利独尊优于权利平衡。比如,有人说"我不同意你的观点,但我捍卫你表达的权利"这句话是居高临下的自我中心论,而没有真正确认"他者"的思想价值。其实,这根本弄混了一个问题,即这句话说的是两种权利的相互尊重与平衡,而不是价值与权利的冲突。其含义是,你有表达的权利,我有拒绝的权利。至于拒绝的理由无需考虑。也许因为你的观点不对,也许因为你的观点不合我的口味,也许什么都不因为。但我仍有权利拒绝。这就是权利的平衡。否则,你一表达观点,别人就必须接受,如果别人不接受,你就认为别人不尊重你的思想价值。这显然是一种单向的权利独尊,而非双向的权利制衡。如此,你就同时拥有了两种权利,即表达的权利和要求别人接受的权利,而别人则没有任何权利,只能成为你话语和思想的奴隶。因为按照这种别别扭扭的解释,你不但有表达观点的权利,还有要求别人承认你观点的权利。这样,你就把双方共享的权利变成了一方独占的特权,即别人不仅要倾听你的观点,还要接受你的观点。似乎只有如此,才能不限于对话和理解,而实实在在地解决问题。似乎不接受,对话和理解就是"无用"。我想这种怪诞逻辑虽然有趣,却毫无意义。

在个体经验范围内,中国人的判断往往没事;一旦超出个人经验,而成为概括性判断时,大多会坏事。

由书本样式引发的中西知识三比。(1)西方知识是让人站立的,所以西文书籍都立放在书架上。中国知识是让人趴下的,所以中文书籍都平躺在书柜里。(2)西方知识要求知识者相互独立,所以立放在书架上的书籍本本挺立,人们可以自由抽出任何一本而不必移动其他书籍的位置。中国知识要求知识者彼此依赖,所以平躺在书柜里的书籍重重叠压,要想拿出其中一本,必须先搬开压在上面的其他书籍。(3)西方知识具有开放性,所以每本书籍都不加掩饰地裸放在书架上。中国知识具有封闭性,所以每本书都被纸盒子包起来再放到书柜里。

中国男人可以为女人丢掉一场战争,但绝不会为女人发动一场战争。所以,特洛伊战争只能是西方战争。同样,中国男人可以为女人丢掉王位,但绝不会为女人放弃王位。所以,唐明皇只能是中国皇帝。

中国人的一个劣根性是,当他反对小专制时,就去崇拜大专制;当他仇恨小暴君时,就去赞美大暴君。

对中国现代化来说，如果把西方比作一个瓶子，那么美国就是这个瓶颈。

希腊是西方人的精神家园，罗马是西方人的政治殿堂。

二战时的德意两国均是对罗马帝国的不成功效仿。唯有美国成功结合了罗马共和国和罗马帝国的制度优势，而成为实质意义上的超越罗马的**新共和－帝国**。

人们只知西方侵略东方，却常忘记西方历史始于被东方入侵。《荷马史诗》描写了特洛伊战争，《历史》记载了希波战争。这构成了西方人挥之不去的可怕梦魇。

一个小国如果邪恶，只会伤害本国人民。一个大国如果邪恶，则会祸害整个世界。这样，遏制大国继续邪恶和防止邪恶小国变得强大，本质上是一回事。

卷 十 七

有一种政治,当你被它逼得不得不面对它时,却无法对它表达任何意思。

没有完美的人性,却有完善的奴性。正像没有完美的民主,却有完美的专制一样。

没有英雄时,就去制造灾难。没有伟人时,就去制造苦难。不光灾难造英雄,英雄也造灾难。不光苦难造伟人,伟人也造苦难。每一个英雄身后都有一片灾难的废墟,每一个伟人背后都有一片苦难的阴影。

尼采欠揍。尼采是个嫉妒狂。尼采妒忌奴隶成功。在他眼中,民主制是颠倒的奴隶制。

自由没有极限。
这在任何时候都会产生彼此对立的怪诞现象:没有自由的人不需要自由,拥有自由的人却嫌不自由。

理性的存在与否不直接取决于人性是否存在,而直接取决于此时此地的政治制度是否以某种违背人性的方式建立起来。图式:人性→制度→理性。正因如此,我们总能从理性的强弱看出制度的优劣;进一步,我们又能从制度的优劣看出人性的高下。虽然说到底,理性问题只是一个人性问题,但二者之间必须有制度性保障。一种制度如果合乎人性,它必然是理性的。反之,一种制度如果违背人性,它只能是非理性的。当然,以制度为中轴,可以把人性与理性反转过来看问题,其实质一样。即,一种制度合乎理性,就必然合乎人性;反之,一种制度违背理性,就必然违背人性。

制度环境正常时,人们的思维应该是超常的。制度环境不正常时,人们的思维就变得反常起来。这样,人们必须以追求和恢复正常思想为主要任务。

自由无价。以自由为代价去达到任何一种有限目标注定都是得不偿失。

自由空间无限大。至今我们还不知道自己到底能拥有多少自由。但如果我们出于某种利益或权宜之计的考虑而准备随时牺牲自由,那自由就变得非常有限了。

通过言论开辟活路。如果一个社会既没有活路,又没有言路,它必将灭亡。

世界使诗人发疯,暴君使世界发疯,权力使暴君发疯。

专制制度不完全排斥例外,相反,它还能不时地制造出一些例外。方法是,通过高压权力强制性地把本来正常的东西压制在一种极度狭小的范围内,使之变得不正常,即成为异常和反常。与此同时,在广大范围内制造出一种新的普遍趋势,其特点是整齐划一,调门一致,并间或有些大同小异的小小变化。它们以一种正常的形式出现,从而具备流行的合法性。它向人们提供一种导向作用和示范效应。人们一旦适应这种不正常的正常,就会迅速拒斥那种真正的正常。

政治不是道德,不意味着政治不道德。文化不是自然,不等于文化不自然。

一个民族在道德上的早熟与在政治上的幼稚,往往是其不幸命运的根源。

对暴君的过度容忍使得我们成了自己的敌人。尽管屈从专制很大程度上与我们内心深处那种与生俱来的自私本性有关,但我还是要说,奴隶毕竟是人类制造出来的不人道的产物。

专制的局限不能被更大的专制克服,只能被自由克服。相反,自由的局限却不能被专制克服,只能被更大的自由克服。

人心中固有一种恶。这种恶如同关在笼子里的野兽。权力则把这只野兽放了出来。为此,必须在野兽的脖子上拴上一根铁链,以便能够控制住它。

人没有思想时,意识不到他有无自由(往往是习惯性地相信自己有自由);人有思想时,意识到他并无自由。这样,思想本身自然转向对自由的思考。

相比起来,自由思考比思考自由更重要。

再邪恶的制度也有人赞美它。我相信,这里面一定有某种更为内在的人性原因。

任何法律都必须包含两条原则:
第一,它制定时只能基于少数人(甚至个别人)的行为,而不能基于多数人的行为。因为如果等到大多数人都做了某种事,再去制定法律就没有意义了。
第二,法律一旦制定,它针对的只能是多数人,而不能是少数人或所有人。因为任何法律都不可能真正约束或保护所有人。但如果它只能管住少数人,它也就失去了意义。

就是说,法律制定之前,它考虑的是少数人的行为如何;法律制定之后,它关心的是多数人的行为如何。

"法不责众"意味着:法律只能约束大多数人,而不能惩罚大多数人。但如果某种法律连大多数人也无法约束时,这种法律就失去了基本效力,而不成其为法律。所以,约束大多数人而不是处罚大多数人应该是法律之为法律的一条底线。

法律并不保障自由,法律只是依据自由而制定,并尽可能地体现出自由。如果用法律保障自由,就意味着法律比自由更"大",结果必然是,法律越来越多,自由越来越少。可见,自由不是法律能定义的东西。

所谓"法治下的自由"包含一个内在悖论,即法律本身不能确保自由。

如果精英主义承认,人有聪明的,有不太聪明的,有不聪明的,那么从精英政治到独裁政治,再到专制政治,就非常合乎逻辑。这可以很好地解释从苏格拉底到柏拉图的思想倒退过程。

没有自由的人,对自由有两种态度,既可能说好,也可能说不好;同时也有两种选择,既可能要自由,也可能不要自由。有自由的人,对自由同样有两种态度,既可能说好,也可能说不好,尽管是在完全不同的意义上。但他只能有一种选择,即只会要自由而绝不会不要自由。所以,尽管人与自由的关系非常复杂,但也不难辨识。

独裁者把自己当神来崇拜,也就失去了最后一个自我辩护的理由。

卷十七

所有独裁者都很相似,但他们坚持声称自己与其他独裁者绝对不同。

人的自治能力是**人性法**。一切制度、政体、法律、观念、规则都必须符合这种人性法。如果我们首先承认人有自治能力,就必须承认政府并非绝对必须;即便需要政府,也不能有损于人的自治能力。这意味着,基于人的自治能力的政府必须是权力有限的政府,即绝对不能损害人的自治能力的"小政府"。

以山为喻:古希腊人认为国家是人在山上攀登到一定程度之后才能有幸看到的政治景观;基督教认为国家是人在山上往下坠落过程中,为了防止进一步堕落而侥幸抓住的一根绳子。它虽然暂时安全,但它本身仍很危险。

伯林自由观的根本缺陷在于将消极自由过于绝对化和理想化。他相信,消极自由比积极自由更重要,即便没有积极自由,光有消极自由就足够了。似乎有没有平等的选举权和被选举权,能不能不受限制地参与政治事务都不吃紧,只要有充分地得到法律保障的个人生活的权利和私人事务的自由就很好了。其实他不知道,第一,消极自由恰恰是靠积极自由来保障的,世界历史表明,迄今为止,并不存在一种缺乏积极自由保障的孤立而封闭的消极自由;第二,一个人需要并享受消极自由,不意味着他必须否定积极自由的前提存在,更不意味着他必须放弃积极自由的权利;第三,个人权利和私人自由的定义和观念不但包含一个积极自由的制度基础,而且它本身正是积极自由的实践产物。

消极自由能否独立存在,这在伯林看来似乎可能。但我觉得危险。

一味强调消极自由,意味着自动放弃自我保护的权利,结果必然导致任人宰割。

民主就是权力源于选举。没有选举就没有权力。有了民主,再对民主加以制约,就是共和或宪政。显然,民主是共和的前提和基础。民主产生了公民权利和积极自由,共和产生了私人权利和消极自由。从这个角度说,伯林否定积极自由的价值便毫无意义。

没有自由,民主和专制在理论上很容易混为一谈,在实践上更有可能同流合污。正因如此,专制者恐惧自由更甚于民主。有些时候,专制者或许还能保持某些民主的形式,但绝对不会允许自由的存在。

在狼与羊之间、奴隶主与奴隶之间,谈论自由无意义,谈论民主则有意义。

你不可能既是王又高于王。因为在世俗层面上再没有比王更高的。这是王权的悖论。基督教的高明在于它只要天国,不要王国。故而,基督不是王却能审判王。这是基督教与其他宗教相异处,也是其可爱处。

哲学的诞生与理性思维、民主政体直接相关。这一点是基础性的。哲学是追求精神自由的无限激情和冲动。这一点是本质性的。它决定了于内(理性)于外(民主),哲学绝对不可能在希腊(雅典)之外的其他任何地方产生。

没有言论自由,人必须普遍说谎。而说谎者不能成为有德者。所以,道德的制度基础比道德本身更重要。

真正意义上的道德只有在民主社会才可能。只有民主制度才能使人的生活具备一种道德价值。

政治可以有某种道德功能、道德形式和道德取向,但不可能有任何一种道德基础。

政治好比造房子,道德好比室内装修。造房子需要有图纸和设计,创设制度也要有一种设计理念。但这种设计理念却不是一种道德。

设计理念有两种思路。政治是满足最大多数人的最大自由。或,政治是满足最少数人或某一个人的最大自由。无疑,前者是一种好政治理念,后者是一种坏政治理念。

政治需要一个道德基础,但道德本身不能成为政治基础。

0和1的区别大于1和2的区别,1和2的区别大于2和3的区别。除此之外的一切数字区别便毫无意义了。这本质上是一个涉及自由的政治‐哲学问题。

"新左派"的策略是,到国际上典卖自己的裤子,露出自己的臀部,发出不同的叫卖声,以此确立自己的特殊话语权。

借助相对论,我们发现,在钢丝床上的方格就是正义、价值、理念。个人的权力或国家的实力就是铁球。个人的权力越大或国家的实力越强,越容易在自己周围压陷成一个巨大的坑。附近方格会因强力挤压和拉扯而变形。其他地方方格的变形方向也自然共同指向于这个无形的政治"黑洞"。可见,权力和实力并不取消正义、价值、理念的既定存在,甚至也不破坏正义、价值、理念的固有形式,它只是使正义、价值、理念共同趋向于对自己有利的方向和解释。这样,我们顺着这个被超大权力和超强实力吸引过来和压缩在一起的高密度的正义、价值、理念的方格,还能寻找到正义、价值、理念的本源和真义,可同时,我们却又分明觉得这并非正义、价值、理念的本义和真谛。

从政治理性的角度看,政治真实决定艺术真实。

为何某些聪明人或自作聪明者往往对独裁者情有独钟？最主要的理由可能有两个，一是每人内心都有一种邪恶的念头和冲动，二是独裁者将邪恶本能发挥到了极致。

政治是坏而不是恶。坏分为烂和恶两种。烂掉的东西很直观，容易看见。邪恶的东西相对隐蔽，一时半会儿不容易看出来。比如，烂苹果一眼就能看出，毒苹果只有吃了才知道。许多文人不明白这个道理。因为痛恨烂掉的政权而接受邪恶的政权。能对现实政治有此鉴别和判断的人才是真正有历史眼光的人。这种人需要有独立人格、自由意志和批判理性。仅有前两者还不足以自觉区分出烂与恶。唯独具备批判理性，才能在改朝换代之际洞察先机，选择自己的人生道路，把握自己的未来命运，从而站在历史正确的一边，给自己一个准确的历史定位。这自然有所寓意和暗示。历史转折关头就在那一时刻，它区分黑白标明正邪，它像碎纸机一样撕碎了无数响当当的名字。是不是有点太简单了？有时命运就这么简单。当你把它弄得很复杂时，感觉自己深刻了。其实你已经掉进了粪坑。因为思想已经坠入谷底，你没法再浅薄。

说民主好话很容易，说民主坏话更容易，但没有民主，说啥话都白搭。

人权的核心是保护被统治者意义上的少数人的权利，而不是保护统治者意义上的少数人的权利。

坏人都有人权，好人还能有人权吗？
坏人都有人权，好人还能没人权吗？
前一种思维是人权抵消论，后一种思维是人权递增论。前者习惯于先把人分好坏，好人有人权，坏人没人权。这仍是一种矛盾两分法，即在人群中分出"人民内部矛盾"和"敌我矛盾"。一旦被指控为敌人，一切权利皆无。它为统治者任意制造敌人大开方便之门。

就此而言,现代人权的本质是保护"坏人"的人权。因为,人权高于好坏人的人为划分。含义是,第一,不刻意区分所谓好人坏人;第二,任何人或机构均无权随意划分好人坏人;第三,任何人或机构均无权非法剥夺坏人的人权。

民众选举是常识理性,精英治国是专业理性。民众选举好比法庭上的陪审员表决,精英治国好比法官断案。前者需要常识经验,后者需要专业技能。成熟的民主政治需要二者的相互匹配。

中国人理解不了为什么美国媒体总是骂政府。如果你是一个老板,你肯定也会把下属当作出气筒,有事没事地敲打一番。明白这个道理,就不难明白西方媒体的做法了。

人人都是流氓的情况下,流氓之间绝对不会有自我克制的道德警戒,只会有杀戮暴戾的相互攀比。既然如此,为何诸侯割据、军阀遍地的乱世,有权有兵者却心怀忌惮,不敢肆意妄为?原因可能有二:无法尽封天下人之口的汹汹舆论,霸主们取天下尚需顾及民意。这就是社会与黑社会的区别。乱世再乱,即便不是常态,也属正常。它毕竟有一些黑社会没有的东西。这种东西本质上是一种超乎小组织、小规模的人类社会生存和延续必须具有的条件。当然,某些具备国家性质和制度性质的黑社会无论组织结构还是规模能量都非常之大,甚至超乎想象之大。但它与正常的乱世还是无法相比。

索尔仁尼琴骂苏联,把苏联骂倒了;索尔仁尼琴骂美国,却把自己骂倒了。可见,话语的力量并不在话语本身,而在话语对象。

政治是人性的必然,而非人性的自然。可见,政治与人性的关系相当复杂。政治既不是简单地合乎人性,也不是简单地逆反人性。从终极目标看,政治必须符合人性,但从具体手段看,许多做法往往有悖人性。

民粹主义是对民众或民间的无条件的廉价赞美。民族主义与民粹主义有重合之处,但与国家主义的重合处更多。用三个圆表示,民粹主义处下位,国家主义处上位,民族主义处中位。民族主义虽然同时与民粹主义和国家主义相重合,但更偏重于上位的国家主义。

专制主义或极权主义对民众都有某种认同。因为专制主义自认对民众负有保护之责,极权主义自认对民众负有领导之职。所以,二者与民粹主义之间亦有某种程度的重合之处。但其本质在于对民众的利用、防范和操控。思想层面的理性主义与制度层面的自由主义,对民粹主义不完全排斥,而是有条件地认可,同时不放弃启蒙之责和批判之权。本质上,理性主义和自由主义都反对强迫民众。所以,在对待民粹主义的态度上,理性主义和自由主义同专制主义和极权主义貌合神离,形近实远,不可混为一谈。

一个人产生思想,两个人产生政治。

如果一个碗里盛满了狗屎。对此,可能有几种不同态度。一种是看都不看,弃之不顾;一种是觉得狗屎还有些用处,只是味道不好闻;一种是想在狗屎里加些佐料,改变些味道;一种是把狗屎倒掉,把碗洗干净,接着用来盛饭;一种是将碗打碎;一种是把碗连屎一块扔掉。

民主战胜专制,如同自由的野兽胜于驯化的家禽一样。

自由主义作为政治哲学,主要思考个人与政府或人与国之关系,而非国与国之关系。将国家政治理论运用于国际政治问题,会产生许多不当的混乱看法。

骗子的最高境界是用假牙说谎。

与其提高说谎的技巧,不如没有技巧地说真话。

人做一件事时，只需一个理由。人不做一件事时，则有上百个理由。二者的不对等性，使得辩护主义永远显得那么不合理。

"主权"的两种含义，国与国之间是主权在"君"（统治者行使权力不受别国干涉，它主要指权力行使方式），这属于主权的外在原理；国家内部是主权在民（统治者权力必须来自民众合法授权，它主要指权力来源），这属于主权的内在原理。**"人权高于主权"之所以合理，就因为它符合主权在民这一主权的内在原理。**

最初文明排斥野蛮，继而文明崇拜野蛮，最后文明接纳野蛮。

万众一心的结果是万众无脑。人多力量大伴随着人多智商低。

政治空间的有限性是一个最核心的政治学原理。在这个前提下，谈论自由、专制才有意义。因为无限的政治空间使得人人都能无法无天。相反，在有限的政治空间，一个人要想无法无天，只有两种情况，一种是世界上只有他一个人，一种是所有人都是他的奴隶。

政治空间的有限性与经济资源的有限性不是一个意思。经济资源虽然有限，但由此创造的经济财富却是无限的。但政治空间的有限性却是一个绝对规定。似乎天然即是如此。人类可以用有限的资源生产出无限多的产品，却不能在有限的政治空间创造出无限多的权力或权利。副总统之所以觉得自己权力大了，是因为总统权力小了；宰相之所以权力大了，是因为皇帝权力小了；民众之所以权利多了，是因为政府权利少了。所以，政治空间是弯曲的，而非平滑的；是不对称的，而非均质的。政治空间的弯曲率取决于权力之间的不断分配和相互制衡以及权力与权利之间反复博弈的综合结果。

"思想罪"可以拆开成四种类型：有思想，无罪；有思想，有罪；无思想，无罪；无思想，有罪。第一种正常，第二、三种不正常，第四种最不正常。

你可以说布什发动伊拉克战争是错的,但他面对一只扔向自己的鞋子表现出来的民主风度,足以证明这场战争的正确。因为这场战争的直接成果就是人民可以向面前的统治者扔鞋子了。

美国总统就职仪式给人一种奇妙的联想。在国会山上举行的总统就职仪式,好像一个男人结婚时,在父母家里举行的婚礼。婚礼结束,这个成家的男人就要离开父母之家,自立门户。尽管男人有了自己的家,但他仍然在父母的眼皮底下,并随时受到父母的监督。所以,结婚成家的儿子与父母之间仍保持着某种不可割断的密切关系。自立门户的儿子虽然有权自作主张,但他仍需听取父母的意见,并在某些大事上接受父母的约束。国会与总统的关系,形同父子。但区别是,父亲是永远的,儿子是暂时的。但这绝对不是中国意义上的垂帘听政。中国式的垂帘听政都是老子或老娘与儿皇帝的关系。在美国,老总统与新总统之间永远不可能有这种事情发生。

如果一个关在笼子里的猴子不去思考自身的困境,却总热衷于评论笼子外面的路人很不自由,说实在的,我不知道谁有能力向这只聪明过度的猴子解释什么是自由。

如果一个儿童一岁时不能走路,人们会说还不到时候;如果这个儿童十岁时还不会走路,人们也许会说他是瘸子或有某种疾病;如果他的兄弟姐妹全都不会走路,人们就会说肯定是父母或家族遗传的结果。但还有一种可能,就是父母禁止孩子学走路,所以他们都不会走路。从常识看,这种可能性非常小,几乎不存在。但就可能性而言,仍然存在。总之,儿童不会走路,原因绝对不在儿童自己,而在其家族疾病遗传,或家人禁忌使然。依据这种逻辑,我们可以说,所谓中国人素质低,不能具有民主能力,其根源不在国人本身。

法治与人治均可用路比喻。法治好像铁路,人治好像公路。铁路和公路都是人建造的,但其运行模式却极不相同;火车和汽车都有司机,但其驾驶方式很不相同。火车运行时必须按照列车时刻表规定的时间和路线行驶,除非铁道或火车本身发生故障,它都必须按计划运行。司机不能随意开车或停车,也不能任意改变行车时间和地点,甚至无权随便改变运行速度。在此意义上,火车一旦启动,司机就受到某种更大力量的支配和控制,必须按照某种更强有力的程序的规范和约束,而不能任意妄为,或随心所欲。他基本上没有个人意志可言。即便他想表现个人意志,这种强烈冲动也会立刻受到严厉惩罚,而无法真正实施。因为随意停车或改变方向首先遭殃的是司机本人。汽车不然,它也有自己的线路,如果是公交车,它也有自己的时刻表,从道理上说,汽车司机也必须遵守既定的线路和时间,但实际上汽车这种交通工具以及它依赖的公路设施根本无法有效控制司机的所作所为,所以汽车运行过程中发生的一切(开车时间、停车时间、行进路线、停车地点等等)其实都取决于司机的技术水平和职业道德。其他人和其他力量无法对其进行有效监督和严格约束。某种意义上,汽车司机完全可以按照自己的个人意志改变行车时间、停车地点,乃至行驶路线。这种状态,给人的感觉就是汽车属于司机所有,是司机的个人财产和行动工具,他想怎么开就怎么开,谁也管不着,谁也拿他没办法,司机开车时所做的一切都合理合法。这样,整个汽车连同汽车上的所有人和物便都自然成为司机恣意控制的对象。概言之,对火车司机来说,规定**就是**规定,一切都是铁定的,不容改动,即便他异想天开,他也无法把火车开到铁道外面;对汽车司机来说,规定**只是**规定,一切都是活的,没有什么是铁板钉钉,如果他心血来潮,他完全可以把汽车开到公路外面。以此为喻,可以看出法治与人治不光是两种政治制度和统治模式,本质上还体现为两种**政治技术水平**和两种**政治运行速度**。

人治变法治不是让火车开到马路上,而是建造实打实的铁路。如果不先修建铁路,而是在马路上摆着一个火车头,就标榜自己法治了,那是自欺欺人。

把民主说成"当家做主"是"家天下"的另外一种说法。

假如婚姻法规定,结婚登记时必须签署一张保证不离婚的契约,估计绝大多数人都不会结婚。这是因为,正常条件下,没有人结婚是为了离婚,虽然人们结婚时并不打算将来离婚,也不知道将来是否会离婚,但人们谁也不敢保证自己将来一定不会离婚。这个例子说明,**面对无知之境,自由始终是首选原则**。即当人们对未来一无所知时,一般都会选择自由。

制度与法律之关系好比房子和门窗之关系。任何一种制度都有法律,正像任何一间房子都有门窗一样。同时,并非任何一种制度下的法律都是为了保障人的自由权利而存在的,正像并非任何一间房子的门窗都是为了让人享受自由一样。所以,即便牢房的门再大、窗户再多,也不等于里面的囚犯就可自由出入。

区分"大制度"与"小制度"并不脱"制度决定论",它虽刻意降低身段,却不显得高明。理由是,第一,大小制度之区分本身具有相对性;第二,小制度总体性地受制于大制度;第三,大制度下,许多小制度无法创设,这显然不是小制度自身所能决定的;第四,大制度下,许多小制度形同虚设,无法发挥正常作用显然不单单是小制度自身的事情。

人们怀疑制度决定论和法治的理由往往是,制度和法律也是人制定的,故而最后还是取决于人。他们不知道,制度和法律虽然是人定的,但它们也有生命和独立意志。它们一旦被人创造出来,就不会完全受制于人,而具有某种超越于人的独立性质和独立力量。这样,制度的决定性和法治的必然性便得以成立。

为什么民主政治能成为法治社会,而专制政治不能成为法治社会?

这与制度理念有关。因为民主政治是要保证最大多数人的最大自由,故而,当不同人的自由相互冲突时,就需要法律加以协调,以便最大程度上消除对每个人自由的最小侵害。故而,民主政治必然是一种法治社会。

相反,由于专制政治是保障一个人的最大自由,故而,当最大多数人的自由同这一个人的自由发生冲突时,法律就会毫不犹豫地牺牲最大多数人的自由来保护一个人的自由。既然一个人的自由永远大于所有人的自由,那么,专制政治必然不能成为一种法治社会。

"一个人的自由"在民主社会和专制社会有迥然不同的含义。在民主社会,"一个人的自由"是指任何一个普通人的自由,它不能因为与其他多数人的自由之间发生冲突就被弃之不顾,不受法律的正当保护。即,大多数人的自由和每一个人的自由之间即便发生冲突,也不能随便放弃对后者的合法保护。二者的自由具有同等的价值和重要性。这是因为在民主社会,法律对自由的保护不受任何数量限制。但在专制社会,"一个人的自由"仅仅是指专制者一人的绝对自由,而不是指其他所有人中的任何一个人的自由。相反,它常常是因为这一个人的自由而剥夺其他所有人的自由。

待价而沽的选票较之一文不值的选票,也是一种进步。尽管这种进步不那么干净。

专制的根据:政府比民众更了解民众自己的需要。
民主的根据:民众比政府更了解自己的需要。

专制国家,非玉石俱毁,不得瓦全。

民主既不复杂,也不可怕。因为,说一千道一万,先让民众说话。

一个女人被强奸了。当她报警时,却被告知,如果报警,她就会被轮奸。这时她突然感觉,强奸并不是最坏的。

这说明,恶的事物你必须从一开始就反抗它,而不是从它后来的结果去忍受它。

自由不是想做什么就能做什么,而是不想做什么就可以不做什么。

对问题看法一致不等于只能由一个人来说。所以,真实、真相、真理,都需要比较,都必须有多元的参照。只有一种声音,不是谎言,也是谎言。而且,它往往就是谎言。甚至,它比谎言还坏。

民主与专制如同昼与夜。白天也许会有乌云,有阴影,有人看不到的角落,但它从不限制人去看他想看的东西。黑夜完全不同。虽然人们发明了各种灯具来照明,但许多时候都是"只许州官放火,不许百姓点灯"。所以,光在夜里永远具有危险性。

从生理学角度看,不吃饭和没饭吃没有区别,即胃里都是空的。但从心理学角度看,二者非常不同。如果一个讨饭吃的乞丐和一个绝食的抗议者在街上相遇,很可能会产生双重误解。乞丐可能奇怪,怎么街上会有这么多和自己一样没饭吃的人,看来丐帮势力又迎来了一个大发展的新高潮。抗议者也可能很高兴,绝食队伍正好可以把乞丐拉拢过来,当作自己的统一战线,从而壮大自己的声势。如果双方一接触,明白对方的底细,又可能会产生双重的不理解。乞丐会想,世界上竟然有人拿自己的肚子开玩笑,用饿肚皮吓唬别人,真是傻到家了。绝食者可能会想,世界上这么多好吃的东西,竟然还有人啥都没得吃,真是蠢到家了。

婴儿啼哭一般是饿了。只要他能啼哭,就不会被饿坏,更不会饿死。这个道理说明,嘴巴的两个功能是相互支撑的。吃饭属经济,说话属政治。表面看,人饿死是因为没吃的东西,实际上,绝大多数情况下,有无食物不是饿死人的关键。因为,人饥饿时,如果他能发出正常声音,就能引起他人关注,从而得到必要帮助。这取决于两点:第一,在任何国家,饥饿从来不可能是全国性的(姑且不说在现代世界,国与国的联系与往来又是如此密切),总有一个地区,总有一部分人有条件给予饥饿者以帮助或援救;第二,在一个制度健全、运转正常的社会,一定会有相应的救助机构和措施来援助那些饥饿者。基于此,饥饿者肯定不至于饿死。由此看来,饥饿不光是一个经济问题,更是一个政治问题。**只有在政治作为一种基本权利或人权完全失效时,饥饿才会成为一个单一的经济问题而产生不可逆转的致命威胁,从而具有不可抗拒的压倒性力量,最终导致大面积的人群死亡。**

自由主义和专制主义都把民主看作手段,但目的绝不相同。自由主义用民主保障自由,专制主义用民主确保专制。

个人之伟大有赖于国家者有二:一是因国家之宽容而变得伟大,一是因国家之高压而成就伟大。分辨二者,有助于准确理解个人在其中付出的代价,以及国家对个人发展产生的真实作用。

拒绝他人的权利高于他人。唯其如此,我与他人才能相互拒绝,乃至我与他人一起被拒绝。

专制政府如虎,人千万不能招惹它,否则就会被它吃掉。民主政府似驴,人必须不断抽打它,否则它就会偷懒。

法治如同棋盘上下棋,棋子再大,也无法使棋盘变形。人治如同弹簧床上滚铁球,铁球所到之处,网格必然扭曲。

在古代,国与国的关系仿佛一张棋盘,不论某个棋子如何庞大,也不管棋子如何众多,也不管棋子的走法如何复杂,它都不可能影响或改变棋盘的格局和图式。在现代,国与国的关系仿佛一张弹簧床,上面如果有不同质量和重量的物体,就会产生大小深浅的陷坑,这样,陷坑越大越深,就会对周围物体的位置和距离产生直接影响,使之发生倾斜或偏离。

与之相反,在古代,人与人的关系如同一张弹簧床,严格的等级制使得权势越大、地位越高的人对他人的影响越强烈。在现代,人与人的关系如同一张棋盘,民主制度的自由平等使得人们之间的关系趋于独立和自主。

自由主义可有两喻:原子主义和精子主义。个人既像原子,又像精子。前者意味着互不相干,各自为政;后者意味着机会均等,公平竞争。

民主的历史是,先有贵族的以稀为贵,后有平民的平常之至。

政权认同感与政权合法性不是一个问题。前者关注的是被统治者的观念生成,后者关注的是统治者的观念建构。

专制是不管做什么都不受他人制约,极权是不管干涉他人什么都不受限制。

一个人如果不甘平庸,就不容易有平常生活。一个人英雄情结过于强烈,就很容易影响他人的平常生活。在此意义上,极权统治者频繁发动各类运动,其实也是为了满足自己的超人幻想。极权国家的各种运动,大体有两个相关意图:造神和杀人。在运动中和运动后,独裁者成为更大的神,独裁者的打手成为小鬼,至于民众不是罪人就是敌人。

自由意味着权利。一个自愿放弃自由的人,就是一个自愿放弃权利的人。但即便一个自由人自愿放弃他的全部权利,他实际上仍是一个自由人。因为他自愿放弃的全部权利还是他自己的,并没有人把他的权利拿走。除非他的全部权利被彻底剥夺。这样,一个自由人如果自愿使自己成为不自由的,就必须寻找能完全剥夺自己所有权利的主体。这样的主体只有两个:政府和法院。但任何政府和法院都不会违反常理地接受一个自由人向它提出的剥夺其全部权利的请求。退而求其次，一个自由人或许可以找到另外一个同样的自由人，请求他来满足自己放弃自由的愿望，即请求他来奴役自己。问题是，不管另外这个自由人是否同意接受他的建议，他这种要求本身就已经违背了自由的基本要求，即不得奴役他人。所以任何自由人面对他人提出的这种要求奴役自己的建议除了拒绝，别无选择。否则，他将破坏自己的自由。即由于他同意他人提出的奴役自己的要求而使自身失去自由人的资格。是可知，两个自由人之间必然结成一种"自由联盟"。任何一个人的自愿放弃，都会陷他人于不义。这表明，自由是一个整体。它意味着，正常状态下，一个自由人即便想真心放弃自己的自由也是做不到的。即他必须自由。

民主政体理念与机器人原则有相通之处：（1）政府不能伤害公民，（2）政府必须服从民众意志，（3）政府违背民众意愿不能与第一条相悖。

自由是确保权利，民主是行使权利。换言之，说话自由即为民主，沉默自由即为自由。

自由在人与人之间是加法，而不是减法。即人与人之间相互确保的自由只能使自由相互增值，越来越多，而绝不会使自由彼此抵消，越来越少。

无法无天的自由最终导致自由的无影无踪。

从专制角度看，自由是无法无天；从自由角度看，专制同样是无法无天。就此言，自由与专制倒有某种异曲同工之妙。

黑格尔说人类面对大海总会产生一种征服的欲望。但这种欲望包含三种迥然不同的类型：一种是权力驱使（郑和下西洋），一是财富驱动（哥伦布发现新大陆），一是自由追求（逃离欧洲的美国人祖先）。

卷 十 八

正是有了爱,仇恨才显得如此可恨。一旦爱情消失,仇恨也会变得可爱起来。

由于爱,一切恨也都成为可以原谅的。

爱不是美德,同样,恨也不是一种罪过。

尽管我们常常会为爱感动,但感动并不需要赞美,它只是一种美好的感觉而已。但这种感觉常常赋予我们一种幻觉的能力。于是,在种种漫不经心或刻意追求的感动中,我们相信自己本质上仍然还是很善良、很高尚的。

女人喜欢用诺言安慰自己,男人喜欢用谎言欺骗自己。二者使用的却是同一种语言。

一个男人和一个女人为了同一个问题争吵起来时,你要知道,他们肯定不是因为同一个理由。

如果女人学会欣赏自己,她就用不着每天照镜子了。

一个人的爱情往往是爱情,两个人的爱情才可能产生一个道德问题。就是说,爱情最初不是基于某种道德原因,但最终必定会产生一个道德结果。

爱情与婚姻之关系如同皮肤和衣服之关系。皮肤冷了穿衣服,皮肤热了脱衣服。同理,爱情少了需要婚姻,爱情多了不需要婚姻。

世上有神圣的爱情,却无神圣的仇恨。在神圣的名义下,爱情可以变成仇恨。但这并不能使仇恨变得神圣几分。

当你爱上一个人时,爱情往往不是最重要的理由。

女人说谎是因为找不到更好的表达方式,男人说谎是因为这是他唯一的表达方式。

女人不会因说谎而自责,男人却可以因说谎而自得。

说谎使女人获得恶名,同时却使男人获得美名。

女人不会因说谎而出名,男人却可以因说谎而成功。

说谎不会使女人变得聪明,却会使男人变得精明。

女人不会因说谎而变坏,男人却可能因说谎而有罪。

说谎是女人的爱好,是男人的天性。所以,男女因说谎而有共同语言。

女人相信自己的谎言,男人则不相信任何谎言。正因如此,女人的谎言中总有某种真实,男人的谎言则毫无真实可言。

女人说谎是人类的喜剧,男人说谎是人类的悲剧。

女人说谎是因为去爱,男人说谎是因为被爱。

女人说谎是因为她爱上一个人,男人说谎是因为他不知道该爱上谁。

女人说谎是因为有了新的爱情,男人说谎则是因为从未有过爱情。

女人往往因爱而说谎,男人则是爱也说谎,恨也说谎。

当女人爱上另一个男人时,她只对自己丈夫一个人说谎;当男人爱上另一个女人时,他往往对妻子和情人两个人都说谎。

换一种表述:有情人的妻子只骗丈夫,有情人的丈夫既骗妻子又骗情人。

女人只为爱情说谎,男人可以为任何事情说谎。

说谎产生不了爱情,但有时爱情也需要说谎。

虽然女人比男人更有说谎才能,但最大的谎言永远都是出自男人之口。

女人说谎并非全是坏事,男人说谎绝没有好事。

女人说谎是个人的事,男人说谎是人类的事。

女人说谎危害自己,男人说谎危害他人。

女人说谎一般只骗一个人,男人说谎往往要骗所有人。

女人只对特定的某一个人说谎,男人则对所有人说谎。

女人说谎但并不欺骗自己的良心,男人说谎则根本不考虑自己的良心。

女人说谎是因为不愿欺骗自己的良心,男人说谎是因为根本没有良心。

虽然女人更善于说谎,但人们至少还可以分辨出何谓真假。男人说谎时,人们却根本无法分辨真假。

说谎之于女人是独木桥,之于男人却是阳关道。

女人的谎言和男人的谎言本来就是对同一个事物的不同表述。女人的谎言和男人的谎言其实是同一种语言。

虽然男人总是丑化女人,但最美的女人总是男人创造出来的。

虽然男人总是贬低女人,但最伟大的女人神话总是男人创造的。

石头对鲜花说:"为了你,我愿成为泥土。"
鲜花对石头说:"为了你,我愿成为另一块石头。"

男人使女人哭泣,是男人的失败。女人为男人流泪,是男人的成功。

女人不爱男人时,可以对他笑,但不会对他哭。女人爱上男人时,却既会笑,又会哭。可见,对女人来说,眼泪才是爱情的标志。换言之,在女人的爱情世界中,哭比笑更真实,更有价值。

爱是一种自我伤害的艺术。如果你讨厌自己,那你最好去爱一个人。这样,爱就成为一种转移痛苦的过程。

爱情中的人都很幼稚,但爱情本身使人成熟。

当人恨一个人时,很容易找到一个理由;当人爱一个人时,却很难找到一个理由。故而,人常说爱情是非逻辑的。其实,完全不是这么回事。问题仅仅在于,我们无法用一种适当的形式表达自己的爱。故而,爱最不适合用语言表述的。与之相反,恨却是语言的极致。可见,恨具有天然的语言性。一种语言如果不能表述恨,那它就不能称之为语言。所以,任何一种语言,有关爱的词汇总很贫乏,有关恨的词汇永远都丰富无比。

对男人来说,爱只是一种需要选择的可能,即爱还是不爱,这是一个问题。对女人来说,爱则是一个必须面对的事实,即爱就是爱。

男人有两种可能:要么是人,要么不是人。女人只有一种可能:永远是女人。所以,男人必须与"男人"的角色保持一定距离,不能始终以"男人"自居。即,男人必须超越"男人",即比"男人"变得更好;再不就是堕落于"男人"之下,即比"男人"变得更坏。女人则比较单一。她必须始终保持自己的女性身份。她既不能比"女人"更高,也不能比"女人"更低。她必须与"女人"存在于同一个层面。在男人之外,还有另外一个世界。在女人之外,则是空虚。所以,男人的目的是成为非男人的东西,女人的目的是成为女人自己。就此而言,女人确实比男人具有更明确的自我意识和自我目的性。起码女人是以自我为目的。不过,这种目的往往是一种极为狭隘和浅薄的东西。它与男人那种超越自我的宏大理想不可同日而语。表面看,男人的目的往往是非我的,实际上,这是因为男人在追求一种更高更大的"自我"和"真我"。

每个人内心都有一把密码锁。爱情就是两个人在正确的时间和正确的地方,同时打开了对方内心那把锁。这是难度系数极高的人生挑战。

年轻人谈爱恋是跑,中年人谈爱恋是走,走着走着就走不动了,这时需要有人来搀扶。这就是相依为命之意。

所谓"食色,性也",含义不完全一样。对个人来说,食是必要条件,色是充分条件;对人类来说,食色皆是必要条件。

为亲情牺牲爱情,合乎人伦;为爱情牺牲亲情,合乎人性。

男人是女人的身份证，女人是男人的名片。男人象征女人的身份，女人象征男人的身价。

在爱情上，自私与无私基本是一个意思。

男人想成超人，女人想生超人。这是尼采单相思式的安排。
可有一天，男人和女人打了起来。女人说，超人是我生的。男人说，超人是我让你生的。
尼采大喊，超人是我叫你们两人生的。话音未落，就被男女二人暴打一顿：你这个**伪超人**！

女人不知道男人心里想什么，但知道男人想做什么；男人知道女人心里想什么，但不知道女人想做什么。

爱上一个人，意味着失去一半自由；被一个人爱上，意味着又失去另一半自由。

当把世界上所有最美丽的女人集中到一起时，你也许感觉这是世界上最丑陋的一幕。

许多时候，人都会有一种自我强奸的隐秘欲望。所以，人性总是把性变成一种可以交流的过程。人际的交流必然是性欲的滋长。

后　记

　　可以把这个小东西,看作自上世纪九十年代至今开凿石窟时,在山上留下的足迹。仔细辨析,杂乱而有序。山不在高,有人则行。或许山脚下正是神仙之家。

2016 年 1 月 20 日